JN111693

最強のチームビルディング技術が身につく

レベル別 課長養成講座

課長養成コンサルタント
石見幸三
IWAMI KOZO

●注意

(1) 本書は著者が独自に調査した結果を出版したものです。

(2) 本書は内容について万全を期して作成いたしましたが、万一、ご不審な点や誤り、記載漏れなどお気付きの点がありましたら、出版元まで書面にてご連絡ください。

(3) 本書の内容に関して運用した結果の影響については、上記(2)項にかかわらず責任を負いかねます。あらかじめご了承ください。

(4) 本書の全部または一部について、出版元から文書による承諾を得ずに複製することは禁じられています。

(5) 商標

本書に記載されている会社名、商品名などは一般に各社の商標または登録商標です。

まえがき

部下がうまく育たない。

丁寧に教えているのに、できない。

仕事を任せたいのに、任せられない。

もっと部下同士で考えて、主体的に動いてほしい。

——管理職の多くの人が、こうした悩みを持っていると思います。

私は長年、コンサルタントとしてチームビルディングに取り組んでいます。現在経営する株式会社コーチングファームジャパンでは、これまで15年間、課長をはじめとする管理職のみなさんを対象に年間500～600件のコンサルティングを手がけてきました。

その中で、課長や部長など管理職の方から寄せられる相談の大半が、冒頭のような内容となっています。

「部下たちに動いてもらうにはどうしたらいいんですか？」

そんなとき、私はいつもこのように訊ねています。

「では、部下たちにどう動いてもらい、チームがどうなったらいいと考えているのですか？」

＊　＊　＊

実はこう聞いてみると、なかなか答えられない方が多いのです。具体的に、どのような行動で何をしてもらい、チームで何をしたいのか、具体的に聞いてみるとイメージができていないのです。

現状、部下たちが「できていないこと」はわかっているけれど、できていないことができるようになったその先については、思い描けていない。チームビルディングがうまくできないと悩んでいる場合、ここが大きなネックになっていることがほとんどです。

本書で具体的に説明していきますが、これが「ポジティブアプローチ」ができていない状態です。ポジティブアプローチは、複数の社員をマネジメントしなければならない上司が必ず身につけておいてほしい考え方です。

最終的にはチームでうまく仕事を進め、成果を上げたい。その気持ちはわかるのですが、その前に管理職のみなさんの土台がまだできあがっていないケースが圧倒的に多いのです。

そこで本書では、部下たちが主体的に動いて成果を出してくれるチームを作るために、管理職がどのようなスキルを身につけておくべきか、順を追って解説していきます。

章を追うごとにステップアップしていく構成となっていますが、第1章、2章は、課長クラスより前、係長や主任クラスでも身につけておいてほしい考え方となります。ですが、ここを押さえ切れていない課長クラスの方も多いのが現状ですので、自分ができているかどうか確認していただければと思います。

＊　＊　＊

会社を成長させるためには、もちろん経営者の才覚や能力も大切です。しかし、それだけでは成長は実現しません。何より経営層と現場を繋ぐ、課長をはじめとするミドルクラスの管理職次第で、会社の業績はいかようにでも変わります。

課長というのは、それだけ会社にとって重要なポジションなのです。

実際、私が管理職のコンサルティングを手がけた会社では、以下のような成果が上がっています。

- 毎年15％～20％の離職率で綱渡りで運営していた介護施設が、離職率5％以下になりました。また、新卒採用もしっかりできるようになりました。
- 売上数億円、利益わずか数％で継続困難に陥っていた会社が、売上数十億、利益10％以上になりました。

・昨年度売上対比60％で見込み客もほとんど確保できていなかった会社が、昨年度売上対比１００％に回復し、見込み客も営業メンバーだけでは追えない数を確保できるようになりました。

・当初は1店舗だったお店が、店長育成やオペレーション構築を進めながら6店舗にまで拡大し、さらに関連サービス事業まで展開するようになりました。

・クライアントとのトラブルによる多額の賠償金で赤字決算になるかもしれないという状態だった会社が、トラブルを無事解決し賠償金請求をされることもなく黒字決算を迎えることができました。

こうした成果はすべて、コンサルティングを経てミドルクラスの現場管理職が育ち、成果を出せるようになったからこそ得られたものです。

管理職を含め、社員が全員楽しく働ける職場、充実感や達成感を得られる職場を作るには、管理職のみなさんがマネジメントに悩むことなく、楽しく働いてもらうことに尽きます。みんながハッピーに働ける組織を作るために、ぜひ本書をご活用いただければ幸いです。

石見幸三

2023年8月

contents

レベル3 教え上手になる

レベル
1

適切な指示を出す

このレベルで目指すこと

会社には、部長、課長、係長など、階層ごとに管理職が置かれています。そして、階層が上がるほど多くの人数をまとめることになり、仕事の規模も大きくなっていきます。

そのため、それぞれの管理職に必要とされる能力は、まとめるチームの人数や仕事のレベル感に応じて異なりますが、中でももっとも基本となるのが、本章で扱う「部下たちに適切な指示を出して動かす」能力です。課長はもちろんですが、できれば部下が２～３人程度の主任や係長の段階で身につけてもらいたい能力となります。

ただし、適切な指示を出すためには、まず「チームが取り組むべき問題」を明らかにするところから始めなければなりません。なぜなら、その問題の解決に結びつかない指示は適切とは言えないからです。そこで本章では、そもそも問題とは何かというところから、具体的な指示の出し方まで、順を追って説明していきます。

ポジティブアプローチで問題に取り組もう

ビジネスの世界での問題とは「現実と理想とのギャップ」

「今のチームには問題がある」

「チームの目標を達成するには、まだ問題が山積している」

仕事をする中で、このような話が出てくることはよくあると思います。「ビジネスマンにとって問題解決能力は必要だ」と言われることもあります。

では、そもそも「問題」とは何なのでしょうか？

顧客や取引先とのトラブルなどを思い浮かべる人もいらっしゃるかもしれません。

確かにそれも問題の一つですが、ビジネスにおいて「問題」という言葉は、単にそれだけでなく、もっと広い意味で使われています。

それは、「現実と理想とのギャップ」という意味です。

こんなチームでありたいのに、今はそうなっていない。これができているのが理想なのに、できていない。今置かれている状況と、たどり着きたいゴール、理想との間にあるギャップ……それをビジネスの世界では「問題」と言います。

問題に対して二通りのアプローチがある

では、そうした問題を解決するために、管理職はどのようにアプローチしていけばいいのでしょうか。そのアプローチの仕方には、二通りあります。

一つは、ポジティブアプローチ。これは、現実と理想との間にあるギャップを埋めて、理想の状態に持っていくことを指します。

もう一つは、ギャップアプローチです。こちらは、現状がうまくいっていないことにフォーカスし、原因となっている欠陥がなくなるようにアプローチするやり方です。

管理職としては、どちらのアプローチの仕方がよいと思いますか。

答えは、前者です。

前述の通り、問題とは、現実と理想とのギャップのことです。それを埋めるには、不具合そのものに目を向けるのではなく、どうしたら理想の状況へと持っていけるかに目を向けなくてはなりません。

成果を出せるのはポジティブアプローチ

たとえば、ある企業がセミナーを開催し、その集客をする場合で考えてみましょう。セミナー開催のお知らせを顧客にメールで送る作業をしなくてはならないのですが、これがうまくいっていないとします。理由としては、担当者が文面を作成するのに苦戦していたり、送信作業が非効率的でもたついていたり、といったことが挙げられます。

このとき、うまくいっていない部分にフォーカスして、「部下がメールをうまく送れていないから、送れるように手助けしないといけない」と考え、それがすなわち問題解決だと捉えるのがギャップアプローチです。部下が顧客にメールを送れるようになることが「問題のない状態」、つまりゴールになってしまい、本来のセミナー集客という目的が見失われてしまっています。

対してポジティブアプローチの場合は、「魅力的でわかりやすい情報を顧客に届け、受講者を集めること」をゴールとし、現状とそのゴールとの差を埋めることにフォーカスします。ただ単にうまくいっていない状況を改善できたことがイコール問題解決ではなく、本来のゴールに到達することが問題解決となるため、成果を出すことができます。

つまり、不具合があることそのものを問題とするのか、目標達成に至っていない状態を問題とするのかによって、出せる結果が異なってくるということです。

本来のゴールを明確にして達成するのが管理職の役目

不具合を正す行為は、マイナスからゼロに戻すことですが、理想の状況に持っていく行為は、ゼロからプラスに持っていくことです。ゼロを維持するのではなく、ゴールに向けてプラス方向に行動し続けることを考えていきましょう。

「部下が報告書をちゃんと書けないんだよね」

「企画書を出せって言ってるのに、出してこないんだよね」

管理職からこんな声をよく聞きますが、報告書を書けるようになれば、企画書を出せるようになれば問題がなくなったと捉えるのではなく、その先を明確にすることが大切です。

報告書や企画書を出すことによって、どんなふうにチームが目標達成に向けて前進するのか。それを明確にし、ゴール達成に結びつけていくことが、管理職の役目となります。

■ポジティブアプローチとギャップアプローチ

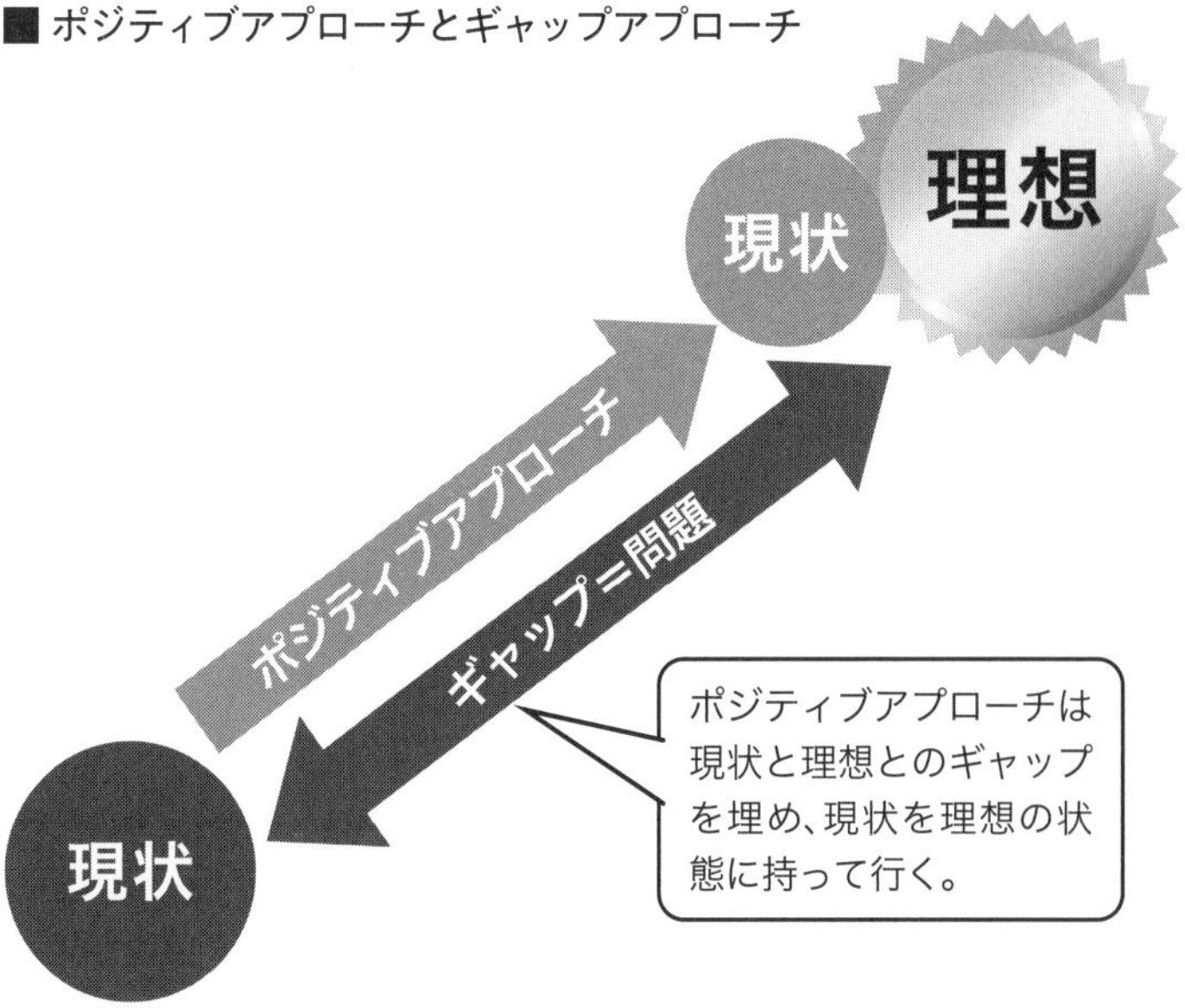

ギャップアプローチからポジティブアプローチに繋げよう

まずは不具合を正すところから始める必要があることも

前項では、管理職はポジティブアプローチが基本だとお伝えしました。しかし実際には、まずは既に起こっている不具合・トラブルを解消するところから始める必要があるケースもあります。

たとえば、私がコンサルティングを担当したある工務店から、このような相談を受けたことがあります。

「改修工事を受注したのですが、工事に不具合があり、クレームが入ったんです。そこで現場監督とその上司とで謝罪に行き、工事をやり直すことになったのですが、その仕事が進まないんです。現場監督に確認しても、『他が忙しいから』ということで進まない。どうしたらいいですか?」

詳しく聞くと、「クレーム案件だから優先的に早く進めないと」と伝えても、他の工事案件は進んでいるのに、その現場だけ止まっているのだそうです。このとき、相談者は「どういう言い方をすれば仕事を進めてくれるのか」に着目していたのですが、まずはなぜ現場監督が仕事を止めてしまっているのか、その理由についてしっかり話を聞くように伝えました。

「その現場監督は、クレーム案件ということで客先とのコミュニケーションに不安を抱いているのではないですか？　だとしたら、そういう場合のコミュニケーションの取り方を上司が教えることが必要ですよね。一緒に現場に行って、見本を見せることで学んでもらえば、うまくいくのではないでしょうか」

このように提案したところ、仕事はスムーズに進み、完了することができたそうです。

スタートはギャップアプローチでもＯＫ

この「できなかったこと」を「できるようにする」ことはギャップアプローチ、つまりマイナスをゼロに戻すアプローチです。ただ、このように不具合が起きている場合はギャップアプローチから入り、部下に新たなことを学んでもらい、それを次に活かしてもらってチーム全体の理想の状態を作ることに貢献してもらうことも可能です。

不具合が起きているときにただ「やってくれ」と言うのではなく、なぜできていないのかを理解し、どうしたらできるようになるかを考えて行動し、次回以降に同じことが起こらないようにする。あるいは次回以降はよりスムーズに仕事を進められるようにする。ギャップアプローチをスタートとして、不具合のない状態に戻すだけでなく、本来のゴールに向かってプラス方向に仕事を進めるための材料としていく。このような意識でチームを動かしていきましょう。

問題は5つのステップで解決しよう

仕事とはポジティブアプローチで目標を達成すること

繰り返しになりますが、仕事とは、マイナスの状態にある現状をゼロに戻すことではなく、目標を達成することです。管理職であれば、まずはこのポジティブアプローチができることが最低限必要です。

それができずに、自分が問題だと思っている現状の不具合を元に戻し、上司に報告したところで、「それで？　次は？」「結局、どんな進捗があったの？」と言われてしまうだけでしょう。

ゼロを維持するのではなく、理想の状態に向かって一歩一歩仕事を進めることができれば、部下たちにも「順調だね」と声がけができるようになり、チームのモチベーションアップにも繋がっていきます。

問題解決には5つのステップがある

では、どのようにして問題解決（＝現実と理想とのギャップを埋めること）をしていけばよいのでしょうか。

問題解決には、次の5つのステップがあります。

【ステップ1】現状を明確にする
【ステップ2】理想の状態を明確にする
【ステップ3】その現状と理想のギャップを明確にする
【ステップ4】ギャップを埋める方法を見つける
【ステップ5】ギャップを埋める方法を実践する

順に説明していきましょう。

【ステップ１】

まず、今問題だと思っていることを挙げてみます。

練習として、付箋にひとつひとつ書いてみるとよいでしょう。「部下の報告書が雑」「○○社とのコミュニケーションがうまくいっていない」など、思いつくままに書いてみてください。

問題はないように思える場合も、今抱えている仕事がどのような状態にあるかを把握しておきましょう。「週に10件のアポイントが取れている」「毎週○○円の売上が出ている」など、付箋に書いておいてください。

【ステップ２】

ステップ１で挙げた現状に対して、どうあることが理想なのかを考えてみてください。「報告書によって翌週やるべきことが明確になること」「コミュニケーションが円滑になることで、不明点などのやりとりがスムーズになり、仕事の進捗スピードが速まる」「アポイントはできれば週に15件に増やしたい」など、理想の状態、理想の姿を思い描きましょう。

これも付箋に書いて、ステップ1の付箋の横に並べてみてください。

【ステップ3】

ステップ1と2の間にどのようなギャップがどれくらいあるかを確認します。ステップ1と2で書いた付箋を見比べてみると、わかりやすいと思います。

【ステップ4】

ステップ3で確認したギャップを埋めて理想の状態に持っていくために、やれることを考えます。

これも付箋に書き出してみるとよいでしょう。「報告書の書き方の見本を見せる」「報告書に、次週の課題を書いてもらうようにする」「○○社と顔を合わせてミーティングする」など、できそうなことをいくつか書き出してみてください。

【ステップ５】

ステップ４で書き出した問題解決の方法を、ひとつひとつ実践していきます。ただし、優先順位を付けて行うことも重要です。これについては次の項目で詳しく説明します。

５つのステップを習慣化する

多くの人は、ステップ１で挙げた問題そのものをなくすことが問題解決だと捉え、ステップ２以降に進まず、現状を維持することで安心してしまいがちです。しかし、それはギャップアプローチの思考です。管理職であればしっかり理想の状態をイメージし、そこに向けて何ができるかを考える、ポジティブアプローチをしていかなくてはなりません。

慣れない内は付箋に書き出して、一つずつクリアしていくとよいですが、普段からこのステップを考えて行動に結びつけていくのが「問題解決」であり、管理職の仕事となります。

優先順位はOKRで整理しよう

まずは時系列で考える

先ほどのステップ4で挙げたギャップを埋めるための取り組みを、どのようにステップ5で実践していくかについて、説明していきます。

問題解決をして理想の状態に持っていくためにできることは、複数挙げられるはずです。それらの取り組みに、優先順位を付けることが大切です。

まずは、複数の取り組みが互いにどのように関連性を持っているかを考えてみましょう。時系列で考えてみると、「これができていなければ、これはできない」というものがあると思います。たとえば「まだコミュニケーションが円滑ではないのに、先方に次のお願い事をしても渋られるかも」など、理想に向かうためのさまざまな取り組みの中でも、順番があるはずです。

Oを達成するためにやるべきKRを整理する

こうして関連性を考えていき、優先順位を付けたら、それぞれの取り組みを「OKR」で整理していきます。

OKRはグーグルなどでも導入されている目標管理手法で、Oは「Objective（達成目標）」、KRは「Key Results（主要な結果）」の頭文字を取ったものです。ただ、そこまで難しく考えず、まずは簡単に「OをするためにできていないといけないことがKR」と考えてください。

たとえば、「A社に見積もりを出すこと」がOとして挙げられているとすると、見積もりに必要な材料費を洗い出すことや、A社が希望する数量や金額を聞き出すことなど、Oのためにやるべきことがいくつかあるはずです。これがKRです。

こうして、ひとつひとつの取り組みを実行するために、必ずやっておかなければならないことを確認していきます。さらに、KRにも優先順位があれば、そこも整理していきましょう。

一つ目のOを達成するには、まずKR1をやって、次にKR2をやる。そうすると一つ目のOが達成でき、次は二つ目のOに取り組める。このように、やるべき取り組みの優先順位を「OKR」で考えて、最優先のものから着手していきます。

課題を一つずつクリアしていけば問題は解決できる

ビジネスでは、「問題」の他に「課題」という言葉もよく使われますが、この両者の違いについてもここで認識しておいてください。

問題というのはここまで説明した通り、現実と理想との間にあるギャップのことです。対して、課題のほうは、問題解決、つまりギャップを埋めるために実践すべきひとつひとつのステップのことです。OKRで言えば、Oに当たるものが課題となり、ひとつひとつの課題をクリアすることが問題解決となります。

どのように複数の課題をクリアしてくかを設計し、それらを実行し、理想の状況に持っていくことが、管理職がやるべきポジティブアプローチとなります。

■優先順位をＯＫＲで整理する

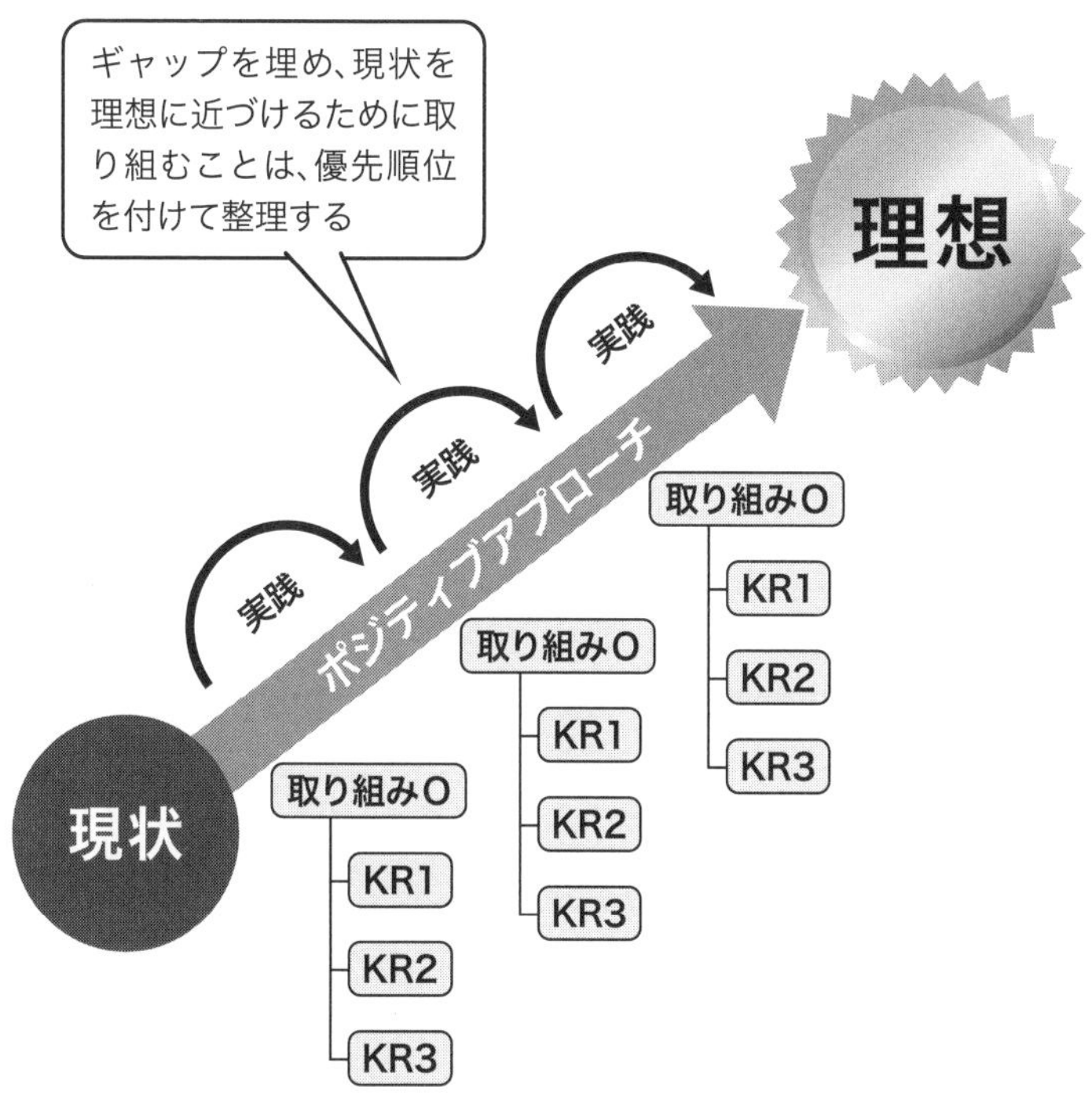

OKRはロジカルシンキングで考えよう

課題を達成するための必要十分条件を考える

どのような課題をクリアすれば理想の状態になるかを考えること。そして、それぞれの課題を実践するためには、何が必要かが明確にわかっていること。OとKRの設計図が描けていることにより、理想の状態が実現します。

そのためには、ロジカルシンキングが大切な要素となります。「KR1かつKR2かつKR3という状況が揃えば、Oとなる」というように、一つの課題を達成するための必要十分条件は何か、と常に考える習慣をつけていきましょう。

これを頭に入れた上で部下に指示を出していけば、部下も目的意識を持って行動することができていきます。

たとえば、取り組みOをやるときに、KR1ができていないとします。ここで、「なんでやっていないんだ！」と叱責するだけでは、部下のモチベーションは下がってしまいます。

しかし、「KR1ができていないと、取り組み0が達成できないから、いつまでに進めてね」と声をかけることにより、部下は自分がやるべき行動がどんな結果に繋がっていくのかをイメージして行動することができます。

何のための行動かが明確であれば仕事はスムーズに進む

もう少し具体的に例示してみると、取引先に見積書を出すことが取り組み0で、KRの1が見積書作成に必要な材料の仕入れ値を調べることだとします。

ここでKRの1を部下に指示するとき、「仕入れ値がわからないと今月中に先方に確認してもらいたい見積書が出せないから、いつまでに調べて報告してもらえるかな」と伝えれば、何のために調べなければならないのか部下はわかった上で動くことができます。

上司の頭の中に、「見積書を作るために必要な仕事はこの3つで、そのうち一つを部下の○○くんに割り振っている」というイメージがあれば、このような指示の出し方が可能になります。

ところが、自分のチームでやるべき行動のひとつひとつがバラバラに頭に浮かんでいるだけで、関係性を整理できていないと、「何のために」をスムーズに伝えることができません。すると、ただ「この仕入れ単価を調べておいてくれる？」と伝えるだけの指示になり、部下もなぜそれが必要なのかわからずに仕事をすることになります。仕事の重要性もわからず、ただ上司が知りたいだけなのか、急いだほうがいいのか、どのようなフォーマットで提出すればいいのかなど、イメージすることができません。結果、その仕事を後回しにしてしまう可能性もあります。

部下一人ひとりに取り組みの全体像をイメージしてもらいながら動いてもらうことが、取り組みを一つずつスムーズに実践していくためには重要ですが、そのためには上司の頭の中に設計図がなければなりません。

細かいステップがどこに繋がっていくのか、きちんと整理された設計図を描いた上で、取り組みを進めていくこと。これを意識していきましょう。

課題はＳＭＡＲＴで具体化しよう

課題は5つの要素で具体的に考える

やるべき課題（ＯＫＲのＯ）については、その課題をできるだけ具体的に考えることも大切です。そのためには、各課題について、それぞれ５つの要素「ＳＭＡＲＴ」について確認しておくとよいでしょう。

S（Specific／具体性）……………「何をするか」が明確であること
M（Measurable／測定可能）…………量で測れること、検証可能であること
A（Achievable／達成可能）…………現実的で、努力をすれば達成可能であること
R（Relevant／目的との関連性）……目標の達成が、目的達成にとって意味があること
T（Time-bound／具体的な期間）……達成期間が限定され、期限が決まっていること

Sの「具体性」については、漠然と「売上を伸ばす」「取引先とコミュニケーションを深める」といった内容ではなく、それがどんな行動なのかがわかるものになっていることです。

Mの「測定可能」というのは、金額や件数、工数、生産数など、結果が数字で測れるものになっていることです。測定ができないと、課題そのものが達成できているかどうかがわかりません。

Aの「達成可能」は、非現実的な課題になっていないか、自分たちの力量でできるものになっているかです。

Rの「目的との関連性」は、その課題を達成することが、チーム全体の理想の状態、どうなりたいかという目的に繋がるものであることです。

Tの「具体的な期間」については、いつまでにやると期限を付けなければ、全体の目的にたどり着くことができません。

常にSMARTを伝えれば部下も動きやすくなる

課題を設定するときには、必ずこの５つの基準をクリアしているかどうか確認するようにしてください。

これを数こなしていくことにより、もっと大きな「会社全体の理想」に向けても、ロジカルに進行を考えていくことができるようになります。

また、部下に対してこのＳＭＡＲＴを伝えることが当たり前になっていけば、部下もまた、個人単位で目標設定がしっかりできるようになります。

管理職であれば、常にＳＭＡＲＴが頭にあり、適切な指示が出せるようになっておくことが必要です。

7 チームでビジョンを共有しよう

ビジョンとは「理想の状態になったときの情景」

ここまで、現実と理想との間にあるギャップを問題として、その問題をどう解決し、理想の状態に持っていくかという方法について説明してきました。

それでは、「理想の状態」とは一体どういうものなのでしょうか。どのように設定されるものなのでしょうか。

ビジネスではよく、「ビジョン」という言葉を使いますが、このビジョンがあるかどうかということが、「理想の状態」を設定するにはとても重要です。

まず、ビジョンとは、情景として思い浮かべられる状態のことを言います。「今日の仕事が終わったら、焼き鳥屋でビールを飲みたい」と言えば、その情景を思い浮かべることができると思います。これがビジョンです。

オリンピックであれば、優勝して金メダルを首にかけてもらい、国歌を歌って、大勢の人たちが優勝を喜んでくれている、そんな映像が目に浮かぶと思います。これがビジョンです。

具体的なビジョンがあるから課題が設定できる

商品を売る会社であれば、「商品を売る」こと自体ではなく、その結果どうなるか思い浮かべられる情景がビジョンとなります。

たとえば、国内シェアナンバー1となって、誰もが使っている商品になっていること。その商品を使った人たちの生活が豊かになること。このように、商品を売ったその結果、どんな状態になっているか思い浮かべられるかどうか、ということです。

そして、具体的に思い描けるビジョンがあることにより、商品をどのように売るか、どんな商品を売るかといった課題が設定できるようになります。つまり、ビジョンがハッキリしているほど、そのビジョンに至るまでに何をすべきかがわかってくるのです。

だからビジネスにおいて、ビジョンを持つことが重要なのです。

ビジョンを共有すれば部下も能動的になる

ビジョンは、管理職であれば、それぞれのチームの役割に応じて常に持っておく必要があります。

今取り組んでいる物事（ＯＫＲのＯ）が完了したときには、どのような状態になっているのか？

すべての取り組みが達成できた場合、どのような状態になるのか？

その情景を常にイメージし、部下と共有していくことが重要なのです。

部下にビジョンを共有することができれば、「なるほど、そういう結果を出すためにこれをやるなら、こんな方法もありますね」「そのビジョンに向かってこれをやるなら、〇〇さんにも確認してもらっておいたほうがいいですね」と提案や工夫を部下から引き出すことも可能になります。部下の仕事も受け身ではなく、能動的になっていきます。

部下への適切な指示は、明確なビジョンがあり、そのためにすべきことの設計図があってこそできるものです。ビジョンが曖昧になっていれば正確な設計図も描くことができませんので、ビジョンは必ず具体的に描くように意識していきましょう。

部下も5つのステップで成長させよう

部下の教育にも問題解決の5つのステップが使える

管理職は、部下を育てることも仕事の一つです。

「部下のモチベーションが上がらない」
「指示したことがなかなかできない」
「自発的に行動してもらえない」

こうした悩みを抱えている人も多いと思いますが、部下を成長させるためにも、本章でお伝えした問題解決のための5つのステップを当てはめてみてください。

【ステップ1】現状を明確にする……部下が今どのようなレベルにあるか、仕事ぶりや姿勢を把握する

【ステップ2】理想の状態を明確にする……部下にどのような行動を取れるようになってほしいかを考える
【ステップ3】その現状と理想のギャップを明確にする……理想の状態に至るまでに足りていない物事（スキルやモチベーションなど）を具体的に考える
【ステップ4】ギャップを埋める方法を見つける……足りていない物事に対して、どうしたら身につけられるか方法を考える
【ステップ5】ギャップを埋める方法を実践する……部下に的確に指示を出して方法を実践し、成長に繋げる

このようにステップを部下の教育にも当てはめて考えることで、「なかなか使えるようにならないんだよなぁ」と漠然と不満を抱くようなことはなくなっていくはずです。

SMARTとビジョンも忘れずに

また、部下に指示を出す際には、先ほどの「SMART」（具体性、測定可能、達

成可能、目的との関連性、具体的な期間）を明確にすることと、ビジョンを共有することを必ず意識してください。

どんなビジョンを実現させるためにその仕事が必要なのかが把握でき、何をどのようにどれくらい、いつまでにやればいいのかが明確であれば、部下は目的意識を持って動くことができます。

さらに部下だけでなく、自分自身の成長についても、この5つのステップをぜひ活用してみてください。

レベル
2

部下の自主性を引き出す

このレベルで目指すこと

レベル1では、ビジネスにおける「問題」をどのように捉え、理想の状況に到達するために部下にどのように指示を出していくべきか、その方法をお伝えしました。

しかし、管理すべき部下に人数が増えてくると、いちいち細かく指示を出していくことが時間的に難しくなります。そこで次のレベルとして必要になってくるのが、「指示を出さなくても部下が自分から動く」チームを作ることです。

実際、部下のモチベーションが上がらない、主体的に動いてくれないといった悩みを持つ人は多いと思います。それは、目標設定の仕方や上司から部下へのコミュニケーションの取り方を変えると改善できるケースがほとんどです。

そこでレベル2では、日々の仕事の中で実際にどのように部下とコミュニケーションを取り、部下が自分から動くチームを作るかを説明していきます。

目的と目標を連鎖させよう

正解がわからなければ言われたままにやるしかない

チームで動くためにはまず、何のためにその仕事をするのかという目的と、その結果どうなるのが理想かという目標を、メンバー全員が共有する必要があります。

部下にとっては、その仕事がどうなれば正解なのか、成果が出たと言える状態なのかがわからなければ、ただ言われたことを言われたままにやるしかなくなります。その状態では、上司も逐一具体的に指示を出さなくてはならず、チーム全体で仕事の効率が落ちてしまいます。

では、部下に組織の目的、目標を共有するためにはどうしたらよいのでしょうか。

まずは、目的と目標の位置関係について、上司自身が十分に理解していることが大前提となりますので、説明していきます。

目的と目標は連鎖する関係

基本的に、目的と目標は、互いに連鎖する関係になっています。

目的とは、最終的に何をしたいかということです。そして、その目的を叶えるためにすべきことは何かというのが、目標です。

図にすると、目的と目標は次のような構造になっています。会社全体の目標が、一つ段階を細かくした各部門の目的となり、各部門が目的を達成するために立てた目標が、さらに段階を細かくしたチームの目的となり、チームの目標が、そこに所属する個人の目的になるという、連鎖した形になります。

目標を達成することで目的が果たせる

もう少し具体的な事例で説明していきましょう。

たとえば、ある建設会社に「その街を彩る家や建物を作る」といった目的があるとします。

■目的達成の手段としての目標

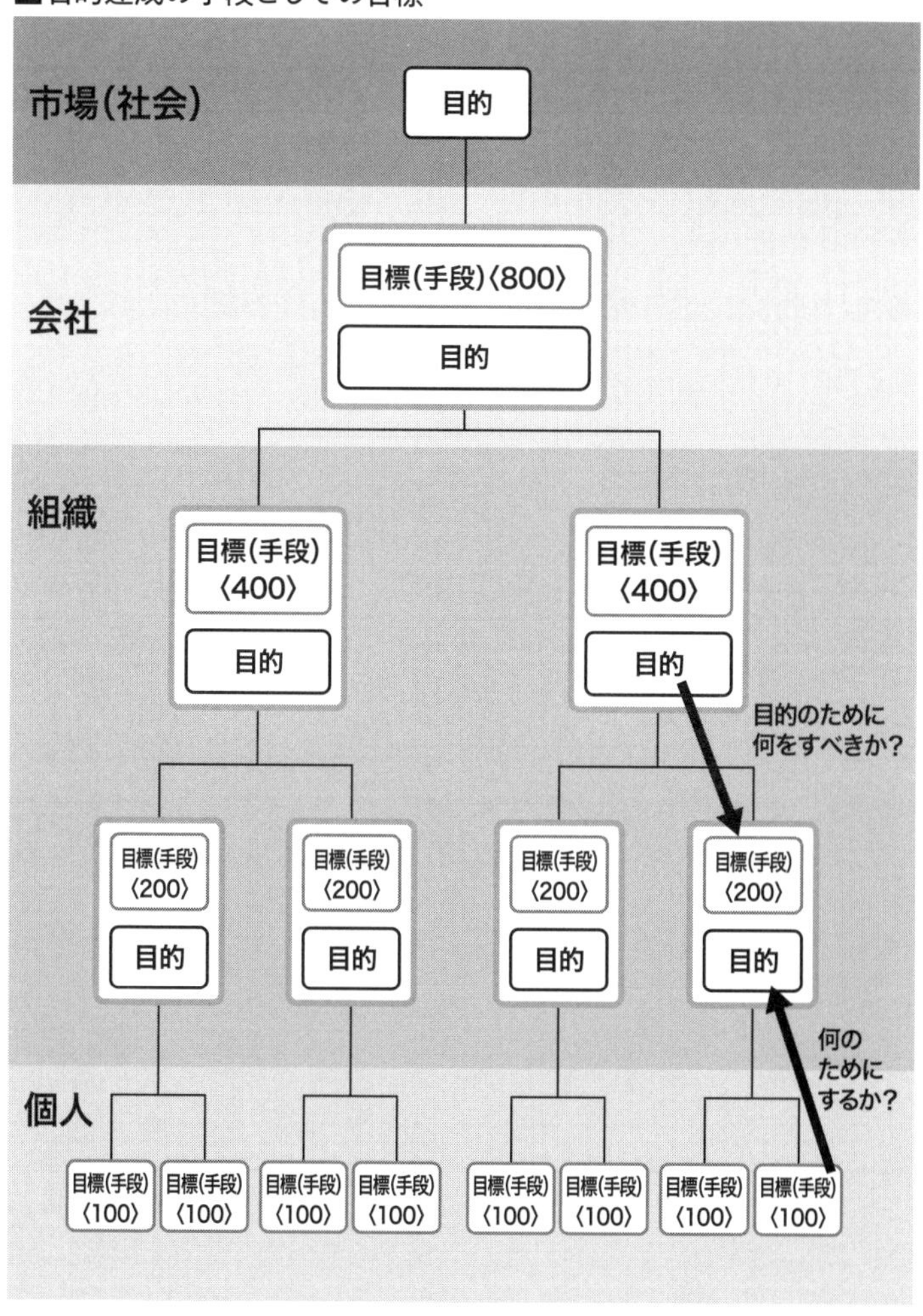

これに対して目標を「富裕層向け住宅やユニークな商業施設の設計建築」と設定します。目標の中でも、今年度は「新築案件7億円、改修案件3億円で年間売上10億円。そのうち新築案件は5～6件」「うち1件は建築や家の雑誌に掲載される物件にする」「及び翌期に向けて5億円分の契約確保」など、年度ごとに具体的な目標も立てることができます。

目標というものは、基本的には単独では存在せず、目的に連動して設定されるものです。ある目標は、その目的から見れば「手段」であるとも言えます。目標を達成することで、目的が果たせるというわけです。

目的・目標は樹形図のように枝分かれしていく

そして会社組織においては、この目的と目標は、樹形図のように枝分かれして連鎖していきます。会社全体の目的、つまり経営者が考える目的に対して、その下には各部署の目的と目標が生まれてきます。

先ほどの建設会社の例ならば、会社全体の目標を達成するために、設計部門チームなら「今期施工7億円分・改修3億円の実施と、翌期の新築案件5億契約を確保する」ことが目的となります。

そして、その目的を果たすために「お客様と設計事務所担当者とのコミュニケーションを通じて信頼を確保する」「設計事務所と工務チームが連携して各物件の利益率を確保する」「設計メンバー個人の知識技術に合わせながら、成長の視点を含め仕事を任せる」「次年度以降の案件見積もりを依頼期日どおりに提出し、受注を獲得する」などといった目標を設定することができます。

さらに設計部門チームの下に、各チームが複数存在していて、各チームで設計部門チームがやるべき取り組みを分担します。つまり、設計部門チームの目的と目標を、各チームで分担するということです。

ここでチームAの目的が「改修案件3億円分と、翌期の新築案件見積もり1・5億円分の業務を遂行する」ことだとします。これを果たすためには、「設計事務所と工務チームとの各会議で進捗及び利益率を確認する」「設計メンバー個人の知識技術に合わせ、任せ方とアドバイスを見極めて実施する」「次年度以降の案件見積もりはチー

■会社から個人までの目的・目標事例

会社

目的（O）	その街を彩る家や建物を作る
目標（KR）	富裕層向け住宅やユニークな商業施設の設計建築

今年度の目標	年間売上１０億円／新築案件７億円、改修案件３億円及び翌期５億円分契約確保 ・そのうち新築案件は５～６件相当 ・新築の内一つは建築や家の雑誌に掲載される物件にする

設計部門チーム

目的（O）	今期施工新築７億円分・改修３億円の実施と、翌期の新築案件５億契約確保
目標（KR）	・お客様と設計事務所担当者とのコミュニケーションを通じて信頼を確保する ・設計事務所と工務チームが連携して各物件の利益率を確保する ・設計メンバー個人の知識技術に合わせながら成長の視点を含め仕事を任せる ・次年度以降の案件見積もりを依頼期日どおりに提出し受注を獲得する

設計チームA

目的（O）	改修案件３億円分と、翌期の新築案件見積もり１．５億円分の業務
目標（KR）	次の方法で３億円の売上を出す。 ・設計事務所と工務チームとの各会議にて進捗及び利益率を確認 ・設計メンバー個人の知識技術に合わせ、任せ方とアドバイスを見極めて実施 ・次年度以降の案件見積もりはチームリーダーが行い、メンバーはサポートする

設計チームB

目的（O）	施工案件７億円分と、翌期の新規案件見積もり３．５億円分の業務
目標（KR）	次の方法で７億円の売上を出す。 ・設計事務所と工務チームとの各会議にて進捗及び利益率を確認 ・設計メンバー個人の知識技術に合わせ、任せ方とアドバイスを見極めて実施 ・次年度以降の案件見積もりはチームリーダーが行い、メンバーはサポートする

設計チームAのメンバー・Aさん

目的（O）	改修案件は５０００万分を独力で進める
目標（KR）	・各会議に向けての資料作成をメイン担当として行う ・改修案件を通じて知識技術を磨きながら成果を出し成長する ・新築案件はチームリーダーの指示で動きながら新築案件について学ぶ

ムリーダーが行い、メンバーはサポートする」などの目標を設定していきます。

構造としては、チームAの目的と、チームBの目的が果たせれば、設計部門チーム全体の目的も達成されるようになっています。

目的と目標はOKRの関係

第1章で、「OKR」について説明をしましたが、ここでもう一度おさらいをしましょう。チームで仕事をする際は、取り組みの内容をOKRで整理するということをお伝えしました。「OをするためにできていないといけないことがKR」です。

この図でも、各チームの目的（O）を果たすために、やらなければならないことが目標（KR）となっているのがわかるかと思います。そして、設計チームAとBの目的（O）が達成されると、設計部門チームの目的（O）も達成されるようになっています。

このように、目的と目標は組織の中でどんどん枝分かれしていきます。社長の目標を達成するには、部長たちの目標がそれぞれ達成できなくてはならず、部長の目的を達成するには、課長たちの目標がそれぞれ達成できなくてはなりません。

まずは、目的と目標がこうして樹形図のように繋がっていることを理解しておいてください。

会社とチームのビジョンの関係を明確にしよう

会社のビジョンは1枚の大きな絵

次に、ビジネスの現場でよく聞く、「ビジョン」という言葉についても理解をしておきましょう。ビジョンについては前章（レベル１）でも触れましたが、目的や目標とはどのように違うのでしょうか。

ビジョンとは、その言葉どおり、思い描くイメージということです。つまり、目的が達成されたときに、会社や世の中がどうなっているか、会社はどのように市場に影響を与えているのか、といった具体的に絵として浮かぶ完成図が、ビジョンということです。

経営者であれば、「街行く人たちがみんな自社の商品を使っていて、会社に利益が毎年10億円ある状態」とか、「業界シェアナンバー１となって、たくさんの人がそのサービスに救われている状態」といったビジョンを思い描きます。

パズルのピースから完成像を思い描くのは難しい

ここで、経営者が思い浮かべるビジョンを、たくさんのピースがあるパズルが完成した1枚の絵だとします。よく「社員全員でビジョンを共有したい」という経営者がいますが、実は、社員一人ひとりにとっては、パズルの完成像を思い描くのは至難の業です。

自分が担当しているパズルのピースなら、組み合わせるとどんな絵ができるのかはイメージできるけれど、他の部署が担当している部分はよくわからない。全体としてどんな絵になるのかも、イマイチわからない。なぜなら、目の前には他の部署の人が持っているピースはないから……。そんなふうに、組織が大きければ大きいほど、社員一人ひとりには全体のビジョンはイメージしにくくなるものです。

会社全体のビジョンの一部であることを意識させるのが大切

しかし、肝心なのは、社員一人ひとりが、「今自分が見ているのは会社全体のビジョンの一部なんだ」と思いながら仕事をすることとです。

部長であれば、自分の目的が叶うと会社全体でこんなことができるようになる、といったイメージが、自分のビジョンとなります。課長であれば、自分の目的が叶えば部全体がこんなふうに進歩して、お客さんたちがこんなふうに喜んでくれる、といったイメージが、自分のビジョンとなります。

会社のビジョンは、働く人それぞれのビジョンが組み合わさることによってできあがります。大切なことは、自分のビジョンをしっかり描き、自分が担当するパズルのピースを間違えずに組み立てることとです。常に会社全体のビジョンを見ることよりも、自分が担当する部分がどこかを意識することのほうが、重要度が高いのです。

そして、部長や課長、係長や主任といったリーダーたちは、自分のチームに、「ここでは全体のパズルの内、この部分を組み立てます」と明確に説明できなくてはなりません。

部下に個人目標を設定しよう

やるべきことを伝えるだけではモチベーションは上がらない

ここまで目的と目標、そしてビジョンについて基礎的な話をしました。では これを踏まえて、係長や主任は、どのように一人ひとりの部下たちに自分のチームの目的や目標を伝えればいいのでしょうか。

単に、「うちのチームでは、売上を毎月１００万円上げることが目標です。これに向けて動いてください」などと、チーム全体でやるべきことを伝えるだけでは、実は社員一人ひとりはなかなかモチベーションが上がりません。

重要なのは、その目標を達成することによって、その人はどうなるのかという具体的なビジョンを見せてあげることなのです。つまり、組織の目標と個人の目標との接点を作ってあげることで、組織のメンバー一人ひとりはモチベーションを高めることができるということです。

チームの目的達成のためにその部下に何をしてもらうかを考える

先ほどの建築会社の例で再び考えてみます。

入社3年目の社員Aさんが設計チームAにいるとして、チームAでは「各設計メンバーの力量を見極めながら業務の遂行を行う」ことが目的だとします。この目的に対して、チームではいくつかの目標が立てられています。

目的と目標はそれぞれ樹形図のように枝分かれしていきますが、Aさんはチームの目的と目標に連なる形で、個人の目的と目標を立てることになります。

主任や係長レベルのリーダーがやらなければならないことは、Aさんにしっかりと個人目標を認識してもらうことです。ここでは、Aさん自身がどうなりたいかではなく、チームAの目的を果たすために、Aさんが何をすべきかを考えていきます。

部下自身がどうなりたいかと連動させるのがポイント

このときに注意したいのは、組織の目的を果たすことを優先としながらも、Aさんにとってもモチベーションの上がる目的になっているかどうかという点です。

3年目のAさんにはまだ新築案件は任せられないけれど、Aさんは一人前の設計士になるために、もっと経験を積みたいと考えているようであれば、Aさんの目的を「改修案件を通じて知識技術を磨きながら成果を出し、成長する」などと設定するのがよいでしょう。

そして、これに対して目標を「各会議に向けての資料作成をメイン担当として行う」「改修案件は独力で進めながら、適宜チームリーダーに確認する」「新築案件はチームリーダーの指示で動きながら、新築案件について学ぶ」と具体的に設定していきます。

Aさんの目標が達成できれば、Aさんは改修案件を一人でこなせるようになり、新規案件についても学び、ステップアップすることができます。チームAの目標達成に貢献しながら、個人としても成長することができるわけです。

よく「部下のモチベーションが上がらない」という人がいますが、その多くが、チームの目標を伝えるだけで、個人の目標がうまく立てられていないように見受けられます。チームの成果を上げるために必要なことは、チームの目的や目標と接点を持たせる形で、個人個人の目的や目標を作ることです。

そして、マネジメントにおいて力が問われるのは、この接点を作れるかどうかという点です。

目標について部下とエンゲージメントしよう

目標について合意するのがエンゲージメント

チームの中で、個人個人の目的や目標が設定されても、その目標に到達できないことはよくあります。

上司と部下の間で、部下個人の目標について合意することを、「エンゲージメント」と言います。

ひと昔前には「ロイヤリティ」と表現していたのですが、ロイヤリティという言葉には、会社と社員は上下の関係にある前提で、社員が会社に対して忠誠に働くという意味がありました。

一方、エンゲージメントのほうは組織と社員は同等の価値がある前提で、個人がやりたいことをどれだけ尊重できるかが組織に求められます。

エンゲージメントすれば自らの意志で行動できる

個人の目標が到達できないときには、まず、その目標が「エンゲージメント」ではなく「ロイヤリティ」になっていないかを確認する必要があります。

個人のやりたいことに関係なく、組織の都合で部下に目標設定をさせていれば、部下のモチベーションは上がらず、目標を達成することが難しくなります。ロイヤリティの考え方で目標設定をしてしまうと、目標を達成することよりも自分のやりたいことを優先してしまったり、上司に叱られないことが最重要になってしまったりして、そもそもの目標を見失いがちになってしまうのです。

上司としては「約束したのだから絶対にやるべきだ」と思うかもしれませんが、それが個人の成長や成し遂げたいことに繋がっていなければ、主体的に行動することは期待できません。

一方、個人の目標を設定する際に、エンゲージメントすることを意識できていれば、部下はその目標を自分ごとと捉え、自らの意志で行動できるようになります。

上司には目標を達成できるよう支援する責任がある

しかし、個人のやりたいことを尊重した上で目的や目標がエンゲージメントされたとしても、目標達成ができないことはあります。

たとえば個人で1カ月に100万の売上を出すという目標があったとして、意欲的に行動して30万円まではうまくいっても、その後なかなか成果が出せずに70万円で終わってしまった、といったことはよくあるはずです。

そうならないために重要なのは、目標到達までのプロセスで、上司がどのように部下と関わったかということです。

部下の目標に対して、ただ「エンゲージメントしたのだからやるべき」という考えでは、そもそもロイヤリティとほとんど変わりません。エンゲージメントについては、部下がそれを達成できるまで上司が責任を持つ必要があるのです。

エンゲージメントとモチベートで目標達成率を高める

したがって、１００万円の目標に対して、もし30万円のところで止まっているのだとしたら、上司はそこで声がけや相談に乗るなどの関わりを持ち、改善策を一緒に考えたり、モチベーションを上げたりしなければなりません。

ただし、ただ「頑張れ」と漠然と背中を押すだけでは不十分です。ポジティブアプローチの考え方を元に、部下の強みを活かしながらいかに目標達成を目指すか、指針を示すことができれば、部下のモチベーションはさらに上がります。

できていないことにフォーカスしてゼロに持っていくのではなく、目標に対して、今持っている強みをどのように活かせばいいのか考えて、エンゲージメントをより強めるように働きかけるのです。

社員一人ひとりの目標達成率を高めたいのであれば、まず、部下が「絶対に到達したい」と思えるような強いエンゲージメントを結ぶこと。そして、その過程で上司が部下をモチベートすること。この二つが基本的な条件となります。

■エンゲージメントとモチベーションの関係

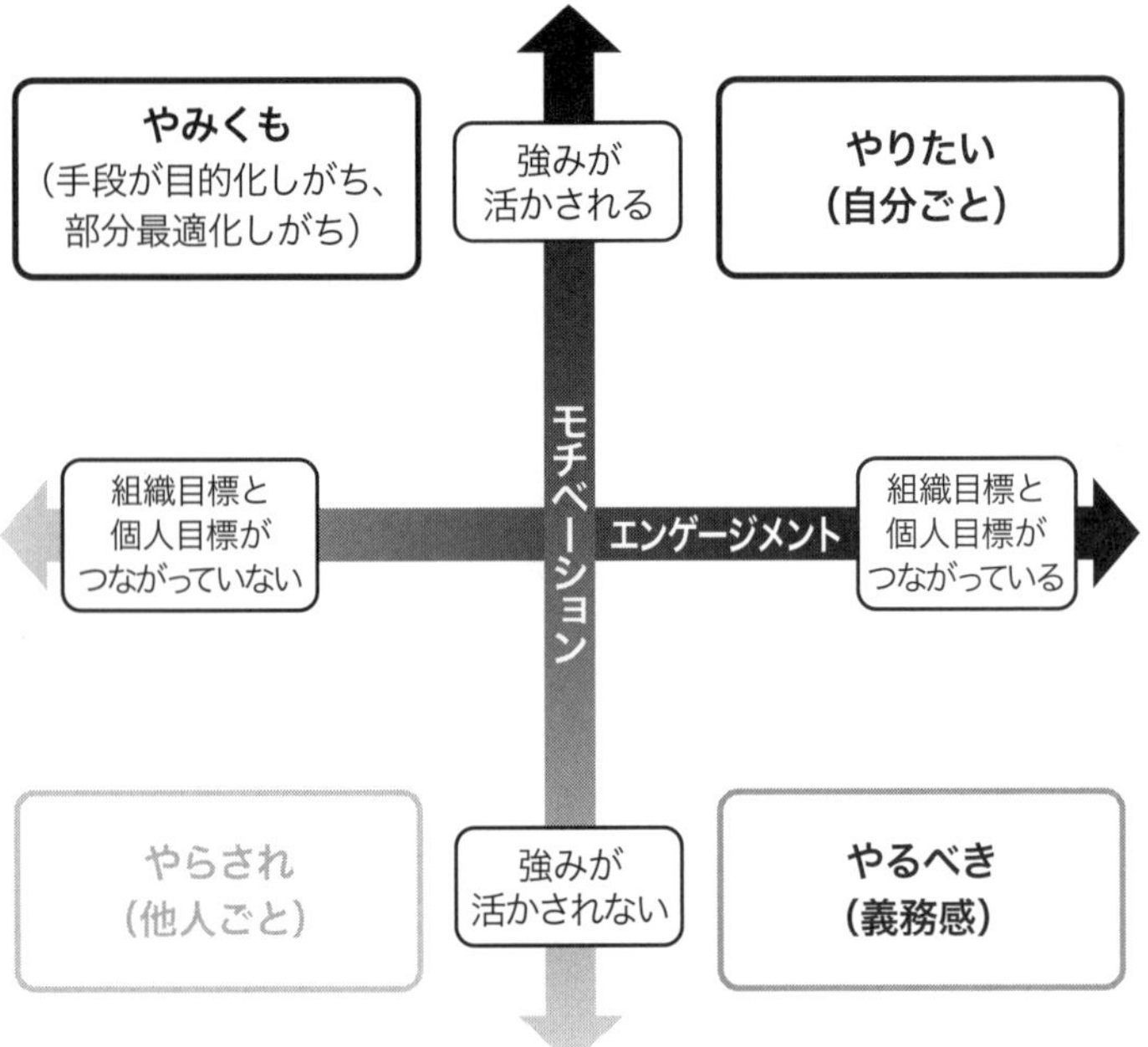

1on1コミュニケーションでエンゲージメントを強めよう

面談だけが1on1ではない

次に、部下のエンゲージメントをより強めるために、上司はどのような行動を取ればいいのか、もう少し具体的にしていきます。

最近、「1on1」という言葉をよく聞くようになったかと思います。1on1とは言葉どおり、1対1で話すことを指しますが、これは何も上司が部下を個室に呼び出して面談をすることだけを指しているわけではありません。1on1とは、日常的な挨拶、声がけ、雑談を含め、上司と部下とが人間関係を築いていくプロセス全体のことを言います。

よく、「1on1の面談では話がいい方向にまとまるのだけど、実際に成果としては表れてこない」という話を聞きます。実はこの場合、面談だけで部下とのコミュニケーションを図ろうとしていることがほとんどです。

上司と部下が接する時間を考えてみると、面談以外の時間のほうが圧倒的に長いはずです。それなのに、面談だけで部下をコントロールしようとしてしまうと、なかなか成果は上がらないのです。

もちろん、面談をすることは必要です。しかし、上司と部下との1on1コミュニケーションは、面談だけでなく、面談以外の日常的な関わりも同じように重要視する必要があるということです。

面談が必要かは日々の会話の中でわかる

面談と面談以外の場、この二つは果たす役割が違い、求められるスキルも異なります。面談についての具体的なやり方はまた後で詳しく説明しますが、ここではまず、面談以外の場でどのように1on1コミュニケーションを取るべきか、基本姿勢をお伝えしていきます。

面談以外の時間のコミュニケーションには、挨拶や仕事に関する声がけ、雑談などがあります。この時間を上司は意識して取ることが大切です。その中で、部下が目標に対してどこまで仕事を進められているか、何か問題が起きていないか、方向性が間違っていないか、モチベーションが下がっていないかといったことを見ていきます。そして、必要に応じて1on1面談が必要なのかどうかを判断します。

たとえば、1カ月前後の単位で進めている仕事に関して、事業計画の確認をするケースだと、こんな会話が想定できます。

あなた「今週のB社との会議の資料はどうかな、進んでいる?」

Aさん「はい、おおむね順調に進んでいます。もしわからないことがあればすぐ確認させてください」

あなた「了解です。今週の木金はスケジュールが詰まっているので、できれば質問は水曜までにもらえると助かるな」

ここでもし、Aさんが「わからないことが多くて、実はあまり進んでいません……」と答えたら、「じゃあ、今日か明日、個別に時間を取って話そうか？」と1on1面談に持ち込みます。そこで現状を把握し、どうしたら資料を完成させられるか、アドバイスをしていきましょう。

プライベートな話題は深く掘り下げない

リーダーはこのように、常に部下との日々の会話を通じて、個人の目標に対して、あるいはチームの目標に対して、現状がどうなっているかを把握し、微修正を加えながら仕事を前に進めていくことになります。日々交わす会話にはさまざまな内容がありますが、仕事に関する話題は一歩掘り下げて話せるように、意識しておくことが大切です。

なお、雑談をする中で、家庭の話などプライベートな話題や、同僚の愚痴などが出てくることもあるかと思います。そうした場合には具体的に深く掘り下げず、あくまでも仕事を中心にコミュニケーションを取るように心がけてください。プライベートな話をしたほうが信頼関係が強くなると考える人もいますが、勤務時間中にすべき会話は、仕事が中心であるべきです。

ただし、子育てや介護に悩んでいるなど、悩みが深くて仕事に影響が出そうな場合には、別途時間を取って話を聞いたほうがいいこともあります。その際にも、相手の考え方には触れず、仕事を進めるためにどうしたらいいかということを中心に話すようにしてください。

6 さまざまな場面でのコミュニケーションを活用しよう

飲み会で個人の価値観を知る

部下とコミュニケーションを取る機会は、飲み会やランチミーティングなど社外の場面でもあるかと思います。こうした機会も、メリットとデメリットを理解してうまく使っていきましょう。

たとえば飲み会に関しては、比較的少人数で話すのは人間関係を築く有効な手段です。飲み会は、普段の仕事中とは異なり、個人それぞれの価値観を知り合う機会として利用できます。相手の価値観を知ることができれば、どのように目標設定をするとフィットするか、またモチベートする際にどのように声をかければいいのか、といったことが判断しやすくなります。

ただし、飲み会をするのであれば余裕を持って早めにスケジュールを決め、参加を強要しないようにしましょう。ムリに出席させることは、かえって人間関係を悪くしてしまいます。もし、なるべく参加してほしい場合には、会社から補助を出すことなども検討してください。

ランチタイムミーティングでカジュアルな意見交換を

最近は、ランチタイムミーティングをする会社も増えてきているようです。ランチミーティングはかしこまった会議とは異なり、雑談を交えながらカジュアルに意見交換ができる機会となります。

ランチミーティングは会議では部下からの率直な意見がなかなか上がってこないという場合には有効ですが、この時間が休憩時間なのか、そうでないのかはハッキリとさせておきましょう。休憩時間には参加を強制することはできませんし、休憩時間にしたいのであれば、参加したいと思えるような環境を整えることが必要です。

また、ランチミーティングは長い時間も取れませんから、「何のためにこの時間を使うのか」を明確に伝えておくことも必要です。意図のないランチミーティングを習慣化することは避けるようにしましょう。

趣味のグループ活動で部門を越えた人間関係を

他にも、スポーツや音楽など、社内の人を集めた趣味のグループができている会社もあると思います。こうした活動は、社内の部門の壁を越えて自然に人間関係を作ることができ、離職者の防止や部署同士での連携など、さまざまなメリットをもたらすこともあります。

ただしこれも、参加を強いるようなことのないように気を付けてください。

1on1面談で部下自身に考えさせよう

日常の仕事と面談のサイクルで部下を成長させる

日常の仕事の中での上司と部下との1on1コミュニケーションでは、目標に対する進捗を確かめ、細かい課題解決をしながら部下の成長を促進していきます。一方、1on1面談では、こうした日々の具体的な実践を振り返り、次に何をすればいいのかを考えていくことになります。

面談で振り返りをして教訓を引き出し、日常でそれを応用して具体的経験を積み重ねていきます。この経験学習サイクルを回すことで、部下は成長し、目標到達へと進んでいきます。

■経験学習サイクル

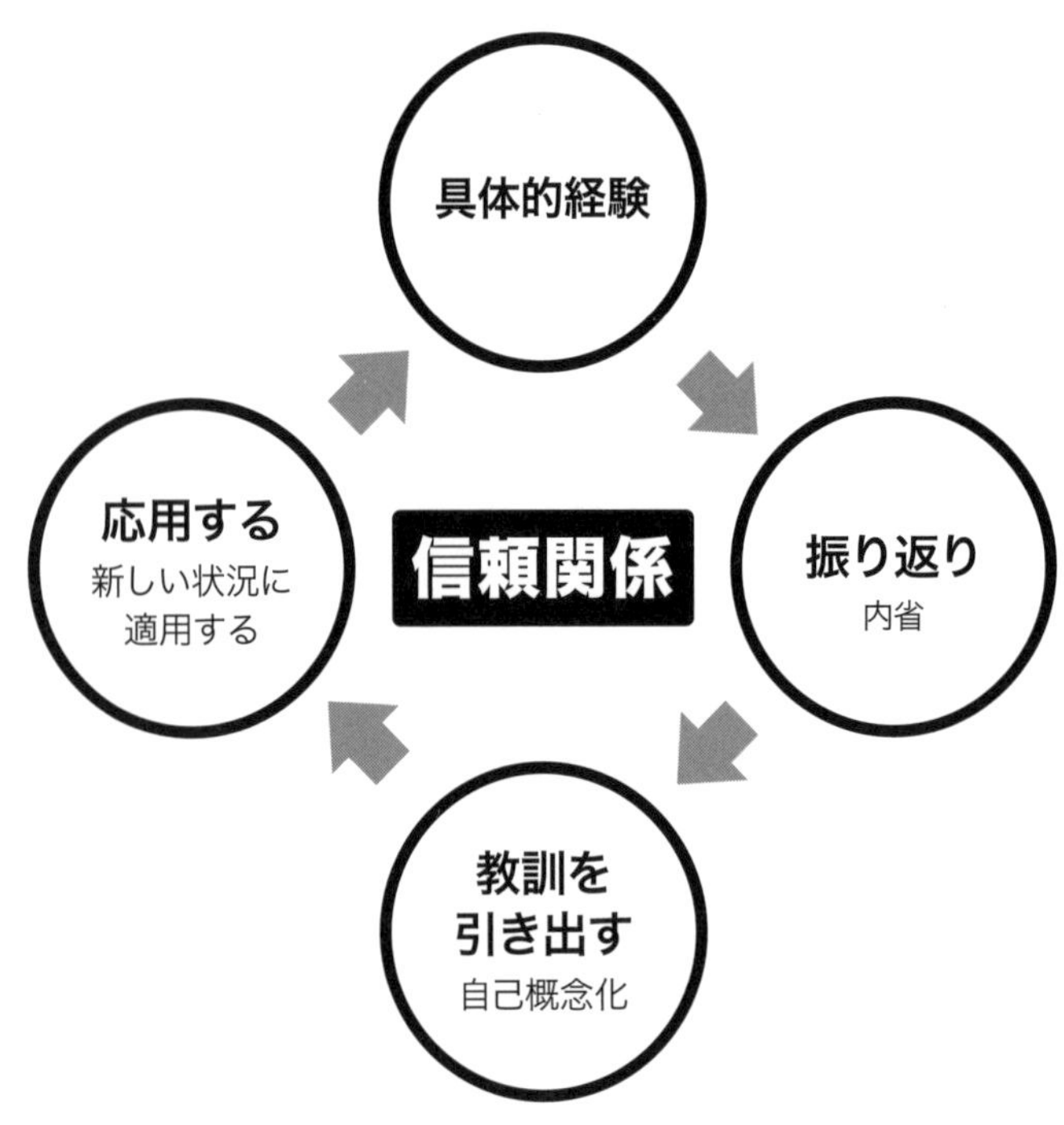

1on1面談は6つのプロセスで進める

では、1on1面談はどのように行えばいいのでしょうか。
まず、基本的なプロセスは次の通りとなります。

①部下の相談したいこと、話したいテーマを聞く
②そのテーマについてどうなったらいいと思うか、理想のゴールを聞く
③現状を聞く
④ギャップの原因分析をし、解決策を立ててもらう
⑤行動計画を立てる
⑥フォローアップ

①では「今日は、月1回の定期面談で時間を取ってもらいました、今日話したいことはありますか?」と、まず部下がテーマにしたいことを聞きます。「最近モチベーショ

ンが上がらなくて……」「B社との打ち合わせが思うように進んでいないんです」など、ここで面談のテーマを決めていきます。

②と③ではそのテーマについて、部下自身がどのようなゴールを思い描いているのか、またそれに対して現状はどうかを聞きます。

④では、なぜ②と③のギャップが生じているのか原因を考えてもらい、どうしたら解決できるか考え、⑤で具体的な行動計画に落とし込みます。

⑥のフォローに関しては面談以外のコミュニケーションの中で、「あの資料は進んでる？」「B社との件、進捗はあった？」など聞きながら進めていきます。そこでもしうまくいっていないことがあるようなら、また別途1on1面談の時間を取る。このようにサイクルを回していってください。

部下自身に考えて言葉にしてもらうことが肝心

1on1面談においては、このように①から⑤まではすべて部下が主体となって話し、決めていきます。上司が「だったらこうしてください」と指示をするのではなく、できるだけ部下自身が考えて言葉にしてもらうことが肝心です。

なぜなら、エンゲージメントの考え方では、部下自身が何を求めているか、どうしたいかということが重要だからです。現状を踏まえて新たな行動計画を立てる場合にも、部下自身が納得していることが大前提となります。

上司としてアドバイスがあれば、伝えることはかまいませんが、それを受け入れるかどうかは部下次第となります。何かを教えてくださいと言われても、「こうしたら?」と伝えて判断を部下に任せるのはよいですが、「こうしてください」と行動を強制しないように気を付けてください。

上司がすべきことは、最後の⑥のみとなります。部下が実際に行動し、行動を継続させるためにフォローをするのが、上司の役目ということです。

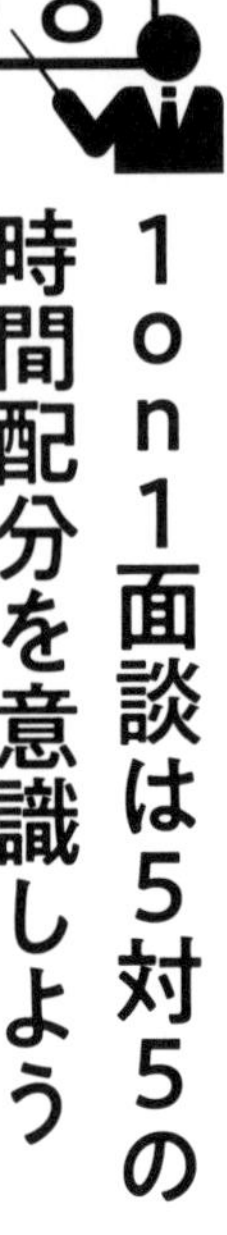

1on1面談は5対5の時間配分を意識しよう

5対5の時間配分で信頼関係を築く

1on1面談を通じて部下との信頼関係ができあがっていくと、部下同士でも自然にコミュニケーションが円滑になっていきます。

みなさんが課長であれば、係長・主任クラスの部下たちは、さらにそのチームの下にいる部下たちとコミュニケーションを円滑に取っていかなくてはなりませんので、効果的な1on1コミュニケーションの仕方を示していく必要があります。

信頼関係を築くための1on1面談のポイントは、お互いが話しすぎず、聞きすぎず、5対5の時間配分をするということとなります。

６Ｗ１Ｈを使ったオープンクエスチョンを主体に

面談では冒頭で、「５対５の時間配分でやろう」と示した上で、６Ｗ１Ｈを使ったオープンクエスチョンを織り交ぜて話を進めていくと効果的です。

相手が「イエス」か「ノー」で答えられる質問をクローズドクエスチョンというのに対し、オープンクエスチョンは「いつ」「どこで」「誰が」と具体的に答えを求められる質問となります。

- ＷＨＡＴ（何が、何を）
- ＷＨＯ（誰が、誰を）
- ＷＨＥＮ（いつ）
- ＷＨＥＲＥ（どこで）
- ＷＨＩＣＨ（どれ）
- ＷＨＹ（なぜ）

・HOW（どうやって）

具体的には、次のような問答をイメージしてもらうとわかりやすいでしょうか。

「今日は何が食べたいですか？」

「和食か中華かイタリアン、どれがいいですか？」

「どんな感じのお店がいいですか？」

このような質問の仕方で面談を進めていくと、相手が話す時間をしっかり取ることができ、面談が5対5で進んでいきます。

逆にクローズドクエスチョンが多いと、質問者ばかりが話していて、相手は「はい」や「いいえ」としか話していない、ということになりがちです。今一度、自身のコミュニケーションを振り返って、話す時間がお互い5対5になっているか見直してみてください。

組織への不満には誠実に対応しよう

不満に対してごまかすような姿勢はNG

1on1面談を行っていると、ときどき、部下から組織のルールに対しての不満が上がってくることもあります。

家庭の都合で早く帰宅したいけれど仕事が終わる時間が遅い、男性の育児休暇が十分ないといったことで、仕事そのものとは別の部分でモチベーションが落ちてしまうこともあります。そういうときには、上司としてどのように対応したらよいのでしょうか。

この場合はまず、組織の中で変えられるものと変えられないものを改めて提示し、変えられる部分について話をしていくようにしてください。変えられない部分については、ごまかさずに率直に伝えることが重要です。同じような不満を持った他の部下もいるかもしれませんから、ごまかすような姿勢を取らないようにしてください。

部下は相談に上司がどのように対応するかを見ている

たとえば、「勤務時間の変更は可能か」と相談があった場合には、変えられない場合には、「就業規則にはないので難しいけれど、残業をゼロにすることは可能ですがどうですか？」と、できることとできないことをハッキリ伝え、できることは提案してあげてください。使える制度があるならば、次のように話を進めていくとよいと思います。

「フレックスタイム制度があるので、利用してみるのはどうかな？」

「他の誰も使っていないので、自分だけ使うのはどうも……」

「もし使いたいなら、○○さんが使えるように組織全体に働きかけてみるけれど。すぐにみんなが使うようにはならないと思うけれど、できることはサポートするよ」

退職も視野に入れている部下は相談を持ちかけたとき、上司がどのように接するかを見ています。「こういう上司の下では働きたくない」と思われないように、できる限りサポートする姿勢を見せることは重要です。

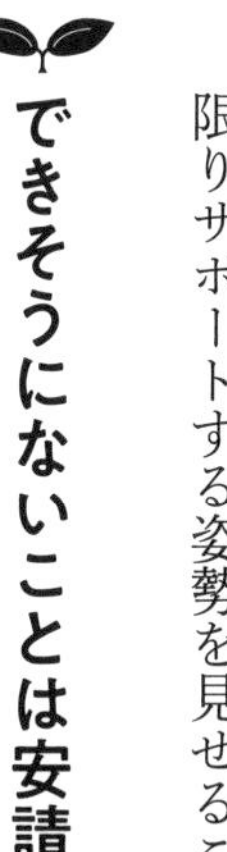

できそうにないことは安請け合いしない

また、会社を辞めるのも残るのも、個人の選択権ですから、ムリに引き留める必要はありません。親の介護が必要になった、子どもが生まれて育児に時間を取りたい、体調を崩してしまったなど、仕事以外の背景を元に、今の組織に不安や不満を抱えている場合には、できる限り対応をした上で、認められないものは認められないと伝えてください。

もっともやってはいけないのは、できそうにないことを言って相手を安心させようとすることや、威圧的な態度で相手を押さえ込もうとすることです。威圧的な態度はハラスメントとして訴えられることになりかねません。

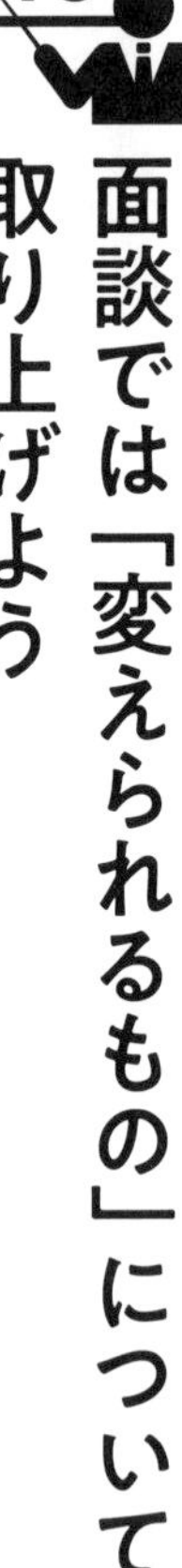

10 面談では「変えられるもの」について取り上げよう

他人や過去は変えられない

１ｏｎ１面談で部下にテーマを設定してもらうときに、こんな話が出てくることもあります。

「先輩のXさんが、こんなことを押しつけてきて困ってるんです」

「同僚のYさんが、頼んだ仕事をやってくれないんです」

こうした話題になったとき、本人のいない場で、XさんやYさんをどう変えるかと検討していくのは非常に不毛です。１ｏｎ１面談では、あくまでも、その場にいる部下自身がどう変わるか、どう成長するかということをテーマにして、未来を変えていこうとするものです。その場にいないXさんやYさんについて面談でいくら話をしても、XさんやYさんを変えることは不可能です。

変えられるのは自分と、自分に関する今と未来のみです。変えられないものに関して話すことは、無意味なのです。

未来を変えられるのはあくまで部下自身

もしも部下から、そのようなテーマが上がってきたときには、「ではあなたは、Xさんとどのように関わっていきたいですか」「ではYさんがやっていなかった場合、あなたはどうしますか」と、XさんやYさんにどう変わってもらうかではなく、部下自身がXさんやYさんの状況を踏まえてどう行動するかということに焦点を当てるようにしていきましょう。

そうすれば、「じゃあXさんには、どういう意図があってそう言っているのか確認するようにします」「同僚のYさんとは、スケジュールをもう少し細かく共有するようにします」など、自分自身ができる具体的な行動計画を立てることができます。上司は面談の数日後に、XさんやYさんに仕事の状況を確認するなどのフォローをすればOKです。

このように、面談では変えられるものと変えられないものをしっかり切り分けて、変えられるもののみにフォーカスすることが重要です。未来をよい方向に変えていくには、変えられるものにフォーカスして行動計画を立て、実践していくことしかありません。

1on1面談をやらないと離職率が高まることも

以上が、1on1面談の基本的なやり方と留意すべき点となります。

1on1面談については、必要に応じて不定期的に行っているという会社や、ほとんど行っていないという会社もあるかと思います。しかし、部下一人ひとりに自発的に行動してもらい、チームの目標を効率的に達成していくには、なるべく定期的に行うことが望ましいと思います。

なぜ1on1面談が必要かと言うと、実は、これをやっていない会社では社員の離職率が高くなってしまっているのです。社員一人ひとりが、何のために仕事をしているのかわからない状態になっていたり、何か問題があって辞めたいと考えているのに上司がそれを把握できていなかったりすることが、離職に繋がってしまっているのです。

もちろん、「最近どう？」「何か問題ある？」と軽く聞いただけで面談を終わらせ、形だけやったことにするというのでは意味がありません。きちんとプロセスに則って、テーマ設定から次の行動指針までを、部下に頭を使って考えてもらうことが重要です。

チームを前進させるためには、個人の目標と組織の目標に接点を作り、個人の目標が達成できるようにリーダーがモチベートやフォローをしていくこと。その手段として普段のコミュニケーションと１ｏｎ１面談を両輪でしっかり行っていくこと。管理職として、まずこの基礎的な部下との関わり方を確立しておきましょう。

最後に、１ｏｎ１面談のテンプレートを掲載しておきます。このテンプレートに沿って面談を行い、部下には目標を達成しながら成長してもらえるよう、働きかけていってください（※このテンプレートはダウンロードプレゼントをしておりますので、巻末の案内もぜひご参照ください）。

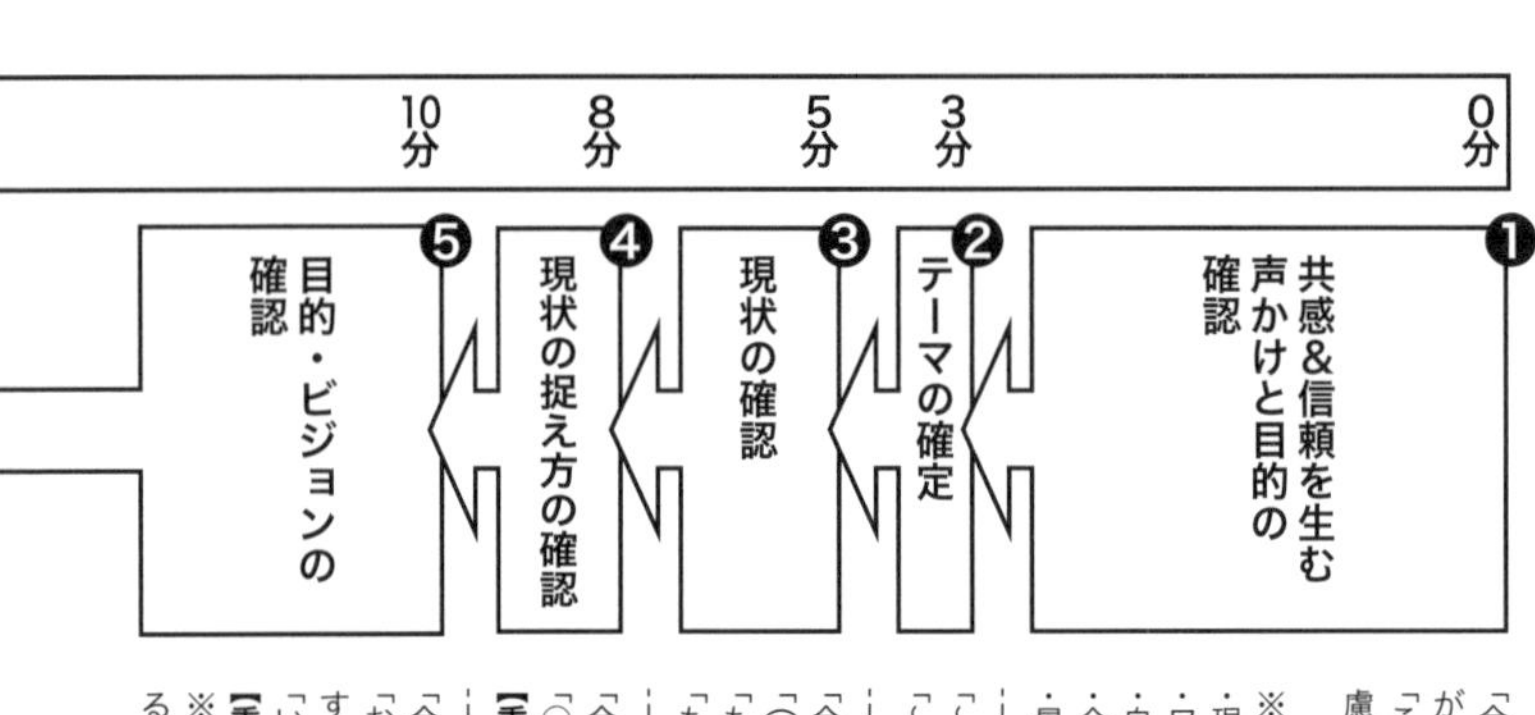

「今日は時間を取ってくださってありがとうございます。最近の調子はどうですか?」(「最近の体調はいかがですか?」「この前~とおっしゃっていましたがどうですか?」)
「この時間は○○さんのお話を伺う時間になりますので、現在のお仕事のことやお仕事に関わることなど遠慮なく何でもお話しください」

※もし何を話してよいか分からなければ、以下のテーマを話してみる。
・現在取り組んでいる仕事についての悩みや困っていること
・ワークライフバランスについて
・自身の今後のキャリアについて(考えていること)
・今後自身で取り組んでいきたいこと
・最近取り組んでいることで学んだことや気が付いたことについて

「~について話をしてみたいということですね?」

「~と~のどちらを話してみたいですか?　もしくはどちらを先に話してみたいですか?」


「今の状況を話してもらっていいですか?」

「(相手が詰まったら)うまく話す必要はないですよ」

「もう少し詳しく教えてください」

「もしエピソードや最近起きた出来事があれば教えてください」


「今日はなぜこのような話をしたいと思いましたか?　話していただいていますか?」

「○○さんは、まず今話してみてどんな気持ちですか?」

【重要ポイント】「××さんのお話でしたが、○○さんは××さんとどのように関わりたいですか?」


「今、話していただいたことが将来(未来・この先)にどのようになっていたらいいですか?(嬉しいですか?)」

「お話してもらったことが達成(解決)できているとしたら、どのような様子(状態)になっていると思いますか?」

「いつそれが達成できているといいですか?」

【重要ポイント】「××さんのお話でしたが、○○さんは××さんとどのように関わりたいですか?」
※ここで相手から答えが返ってこない場合、こちらからどんな未来(様子)だったらいいかをいくつか提案することで、相手が考えやすくなり、答えが出てくることがあります。

■1on1面談の進め方

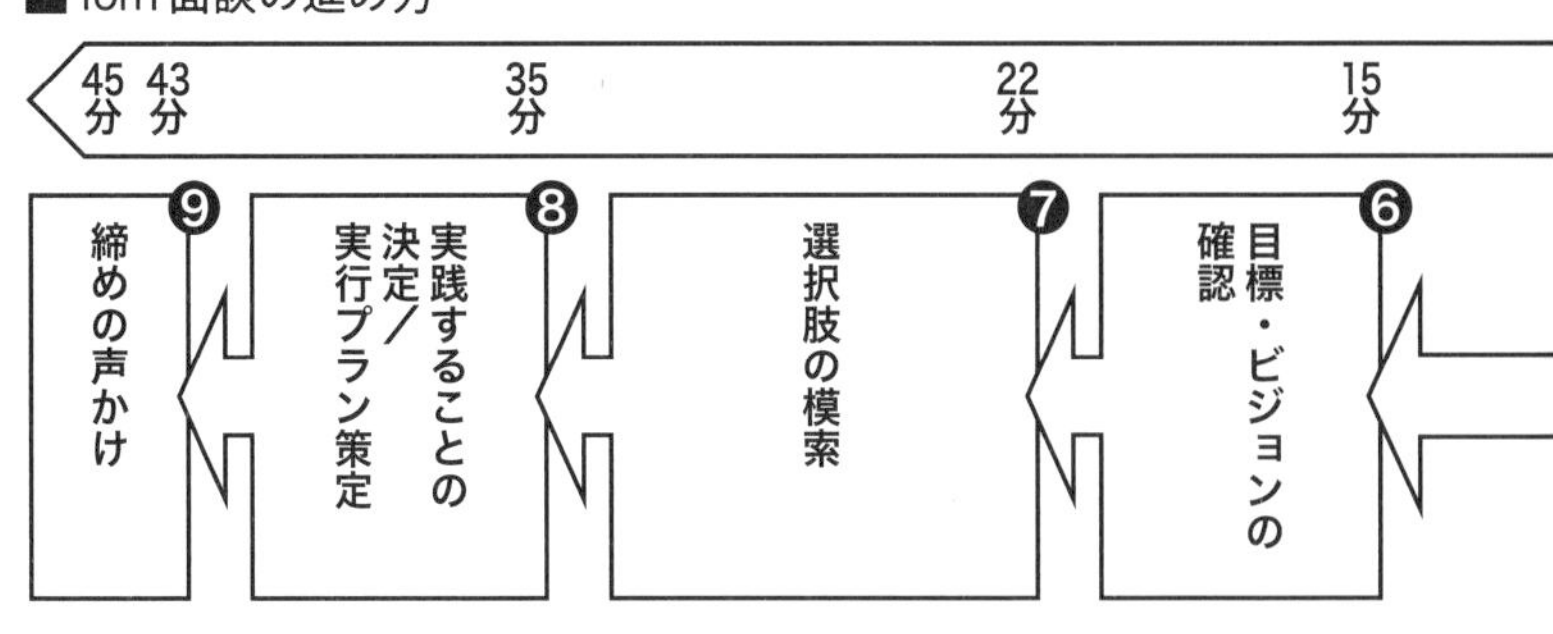

「今、話していただいたことを達成しようとすると、まずどんなことが達成できればいいですか？」

「そのことが達成できているとしたら、どんな様子（状態）になっていると思いますか？」

「それが達成できるとどんな気持ちになりますか？」

「もしそのことが達成できているとしたら、その次にどんなことができればいいですか？」

【重要ポイント】「××さんのお話でしたが、○○さんは××さんとどのように関わる目標を持ちますか？」
※ここで相手から答えが返ってこない場合、こちらからどんな未来（様子）だったらいいかをいくつか提案することで、相手が考えやすくなり、答えが出てくることがあります。

「○○さんが得意なやり方でやるとすればどんなやり方がありますか？」

「これまでやってきた方法で応用できそうなことはありませんか？」

「できるかどうか別として思いつくアイデアってありませんか？」

「今やっていることで、実はやめたほうがいいと思う手順ってありますか？」

「誰か協力者って必要ですか？　必要であれば誰ですか？」

「まだやっていないけれど、やったほうがいいアイデアや方法ってありますか？」

「教えてもらえる人がいるとすれば、誰に教えてもらいますか？」

「方法を自分で探すとするとどのように探しますか？」
※ここで相手から答えが返ってこない場合、こちらからどんな未来（様子）だったらいいかをいくつか提案することで、相手が考えやすくなり、答えが出てくることがあります。

「今、話してみてこれからやってみようと思うことはありますか？」

「これからやってみるとうまくいきそうという方法はありますか？」

「それではどうやって進めますか？」

「どんな方法で進めますか？　進めるにあたって誰か協力者は必要ですか？」

「私は○○さんがうまく進められているかどうかを、どの地点でどのように確認すればいいですか？」
※ここで相手から答えが返ってこない場合、こちらからどんな未来（様子）だったらいいかをいくつか提案することで、相手が考えやすくなり、答えが出てくることがあります。

「○○さんならできると思いますから、自信を持ってやってみてください」

「私も○○さんを応援していますので、困ったことがあればいつでも声をかけてください」

「仕事の合間でもいいので、進捗状況とか声をかけてもらってもいいでしょうか？」

「次回の１ｏｎ１ミーティングの時にまた、進み具合を教えてください」

レベル

3

教え上手になる

このレベルで目指すこと

レベル1、2では部下を動かしてチームの目標を達成するための方法について説明してきました。しかし、それだけが管理職の仕事ではありません。部下を教え導き、成長させることも、管理職の大切な仕事と言えます。

「なかなか部下が成長してくれない」と悩む人は多いですが、その一方で、きちんと部下を教育している管理職は少ないものです。仕事を通じて勝手に成長する部下もいますが、すべての部下にそれを期待するのは難しいでしょう。部下が一向に成長しなければ、チーム自体も成長しませんから、管理職としてのレベルを上げるためには部下に教える能力も必要になります。

そこで本章では、部下を「育てる」ということをどう考えたらいいのか、効果的な育て方をお伝えしていきます。

二つの教え方を身につけよう

教えるとは成果を出してもらうこと

部下の育成をどうしたらいいかわからない、というのは多くの上司の悩みです。部下に仕事の目的や目標、手順を説明して従ってもらうだけでなく、自ら動いてくれるように育てるには、どうしたらいいのでしょうか。

そのためにはまず、上司自身が「教える」力を磨かなくてはなりません。では、部下が育つための教え方とは、一体どのような教え方なのでしょうか。

ビジネスの場面で「教える」ということは、成果が出る行動をしてもらって、実際に成果を出してもらうことを指します。つまり、組織で設定しているゴールに到達してもらうことです。

「教える」には2パターンある

では、みなさんは部下に仕事を教えるときに、教えた先にゴールがあるということを意識しているでしょうか。

画面操作の仕方を教える、商品の並べ方を教える、伝票入力の仕方を教える、というように、日常の中で仕事を教える場面はたくさんあります。しかし、こうした作業のやり方ひとつひとつについて教えるということは、狭い意味での「教える」です。

ゴールに到達するために仕事を教えるのであれば、もう少し視野を広く取って、その仕事をすることで何がどう前に進んでいくのか、その仕事が組織全体の仕事の中でどのような役割を果たしているのか、成果を出すためにはどのような考え方で進めればいいのかというように、広い意味で「教える」ことが必要となります。

狭義での「教える」は、手元の作業そのものを教える、焦点の小さい「教える」で、広義での「教える」は、仕事の考え方や意味などを教える、焦点の大きい「教える」ということです。

教え上手になるにはティーチングスキルとコーチングスキルが必要

狭義で教えるのに必要なのはティーチングスキルとなります。これは、知識や技術をわかりやすく説明し、理解してもらうスキルです。

一方、広義で教えるためには、ティーチングスキルに加えてコーチングスキルも必要になります。コーチングスキルとは、部下が自ら答えを引き出せるように質問を投げかけたり、対話の中で新たな気付きを与えたりするスキルです。

ティーチングでは自分が持っている答えを相手に与えるのに対し、コーチングでは、相手が自分で答えを見つけて成長してもらうことが目的となります。

まずは、このように「教える」には二つの意味があるということを押さえておいてください。

ティーチングではABC理論で教えよう

人の行動を分析すると3段階に分けられる

次に、狭義の「教える」と広義の「教える」のやり方をそれぞれ説明してきます。狭義の「教える」、つまりティーチングでは、行動のプロセスに焦点を当てて行動を明確にしていきます。これには行動科学の基本である「ABCモデル」を使います。ABCモデルとは、人の行動を分析すると3段階に分けられるというもので、次の3つの頭文字を取っています。

A（Antecedents／先行条件）……行動を起こす要因、行動する直前の環境
B（Behavior／行動）…………行為、発言やふるまい
C（Consequences／結果）………行動によってもたらされるもの、行動した直後の環境変化

ＡＢＣ理論では「暑いから、上着を脱いで、涼しくなる」「お腹が空いたので、食事を取って、満腹になる」「電車に乗り遅れそうなので、走って、間に合う」というように行動を分析します。人に物事を教える場面なら、歯ブラシに歯磨き粉を付けるためには（Ａ：先行条件）、歯磨き粉のフタを取って右手に持ち、左手に歯ブラシを持ち、歯磨き粉が歯ブラシの上に来るようにして押す（Ｂ：行動）と伝えます。すると、歯ブラシに歯磨き粉がつきます（Ｃ：結果）。

ＡＢＣの連鎖で仕事は成り立っている

これをビジネスで考えると、部下に教える仕事の目的（Ａ）が「機械を動かすためのボタンを押せるようになる」ことであれば、行動（Ｂ）は「このボタンを押してみて」と場所を教えて押させること、結果（Ｃ）は、ボタンを押した結果として機械が作動すること、ということになります。

このように、ひとつひとつの仕事には何か目的があり（Ａ：先行条件）、その目的を実現するために動き（B：行動）、結果として何かを得る（C：結果）という3段階があるということです。

そして、このABCの連鎖で仕事は成り立っていきます。機械を動かした後、部品が5つできたら止める（A：先行条件）のであれば、5つできたところで動かしている機械を止めるボタンを押し（B：行動）、その結果として部品が5つできあがります（C：結果）。

MORSの法則で指示に具体性を持たせる

上司が部下に教えるときには、「AのためにBをする」ということを伝えます。しかしそれだけでは不十分です。確実に成果を出してもらうために必要なのは、より具体的な説明となります。

指示に具体性を持たせるためには、ABC理論に「MORSの法則」を付け加えます。MORSの法則とは、次の4つの頭文字を取ったものです。

M（Measurable）……計測できる
O（Observable）………観察できる
R（Reliable）…………信頼できる
S（Specific）…………明確化されている

M（Measurable）では、「今日の15時までに」「資料は5部用意する」など、カウント、数値化できるかどうかです。O（Observable）は、期限や個数、場所が具体化されていて目に見えるかどうかです。R（Reliable）は、具体化された行動が、誰が見ても同じように見えるかどうか、S（Specific）は何をどうするかが明確化されているかどうかということです。

ABC理論の「B：行動」について指示を出すときには、このMORSの法則を意識し、「C：結果」の部分でその通りになっているかを確認します。

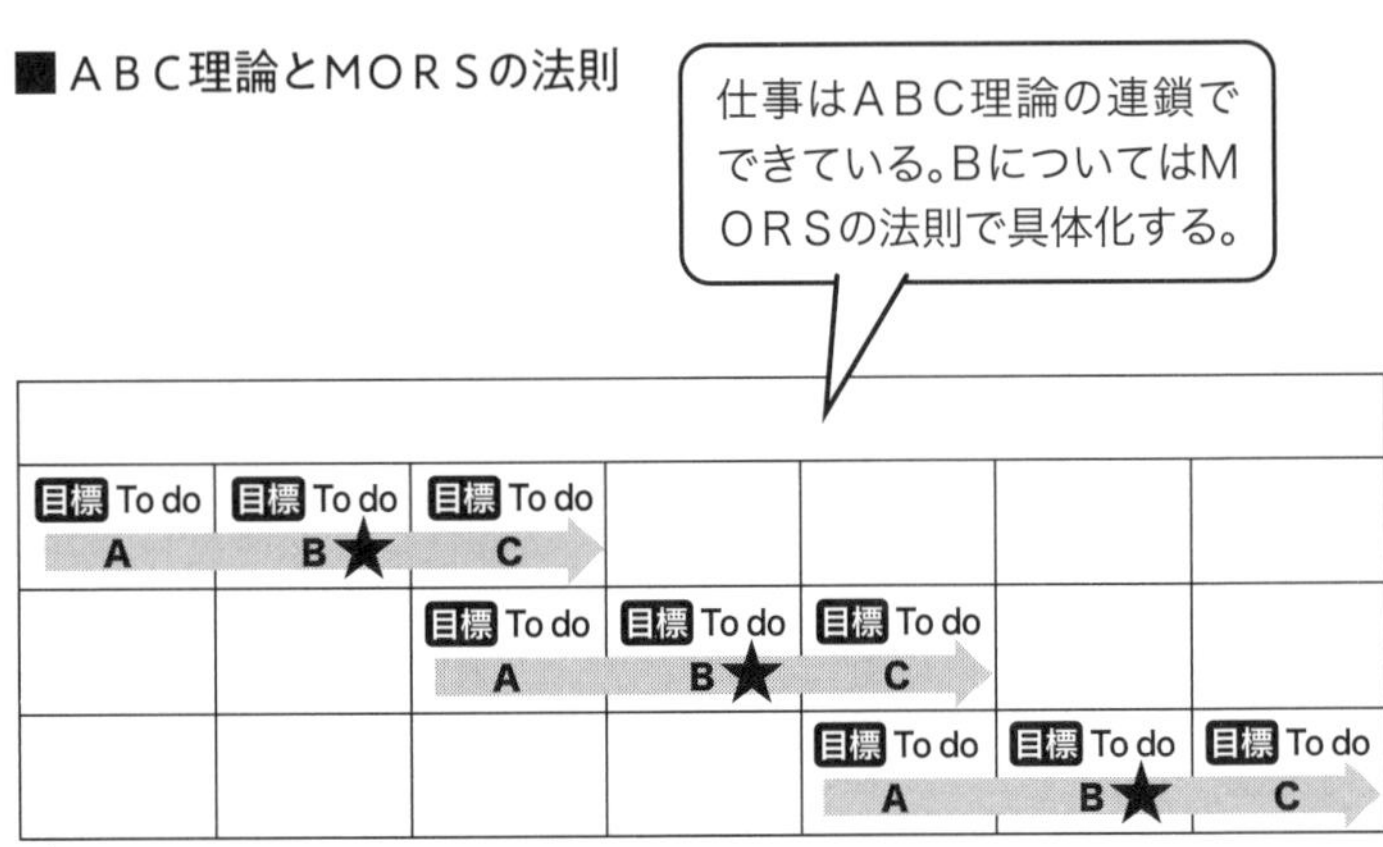
■ＡＢＣ理論とＭＯＲＳの法則
仕事はＡＢＣ理論の連鎖でできている。BについてはＭＯＲＳの法則で具体化する。
目標 To do
A
B
C

★MORSの法則

3 コーチングではABC理論を自分で組み立ててもらおう

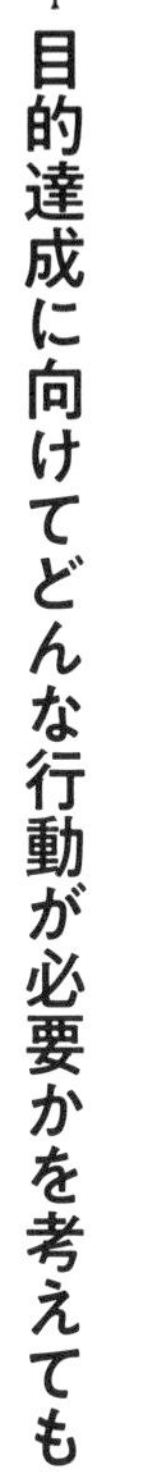

目的達成に向けてどんな行動が必要かを考えてもらう

一方、広義の「教える」、つまりコーチングでは、ひとつひとつの行動の方法を教えるのではなく、達成すべき目的・目標に向けてどんな行動が必要かも含め、先ほどのABCモデルの構築とやり方を自ら考えてもらいます。

たとえば、「歯磨きをして、歯を清潔にして虫歯を防ぐ」という目的・目標があった場合、「歯ブラシに歯磨き粉を付ける」「歯ブラシで歯を磨く」「口の中をすすぐ」「歯ブラシを洗う」といった細かい動作を行うことになります。広義の「教える」では、これらひとつひとつについて「歯ブラシにこうやって歯磨き粉を付けて」「歯ブラシを右手に持って口の中に入れて」「歯ブラシを歯に当てて動かしてね」と順を追ってすべて教えていくのではなく、必要な動作をどのように組み立てて歯磨きを完了させるか、自分自身で考えてもらいます。

何のためにするのかという目的(歯を清潔にして虫歯を防ぐ)をまず共有し、理解してもらった上で、目標(歯を磨く)を達成するためにどうしたらいいかを自分で考えて、ABCを組み立ててもらうということです。

その課程でわからないことがあれば、動作を教えることになりますが、基本的には歯磨きを完了させるまでにどうしたらいいか、考えるのは本人です。

■広義の「教える」

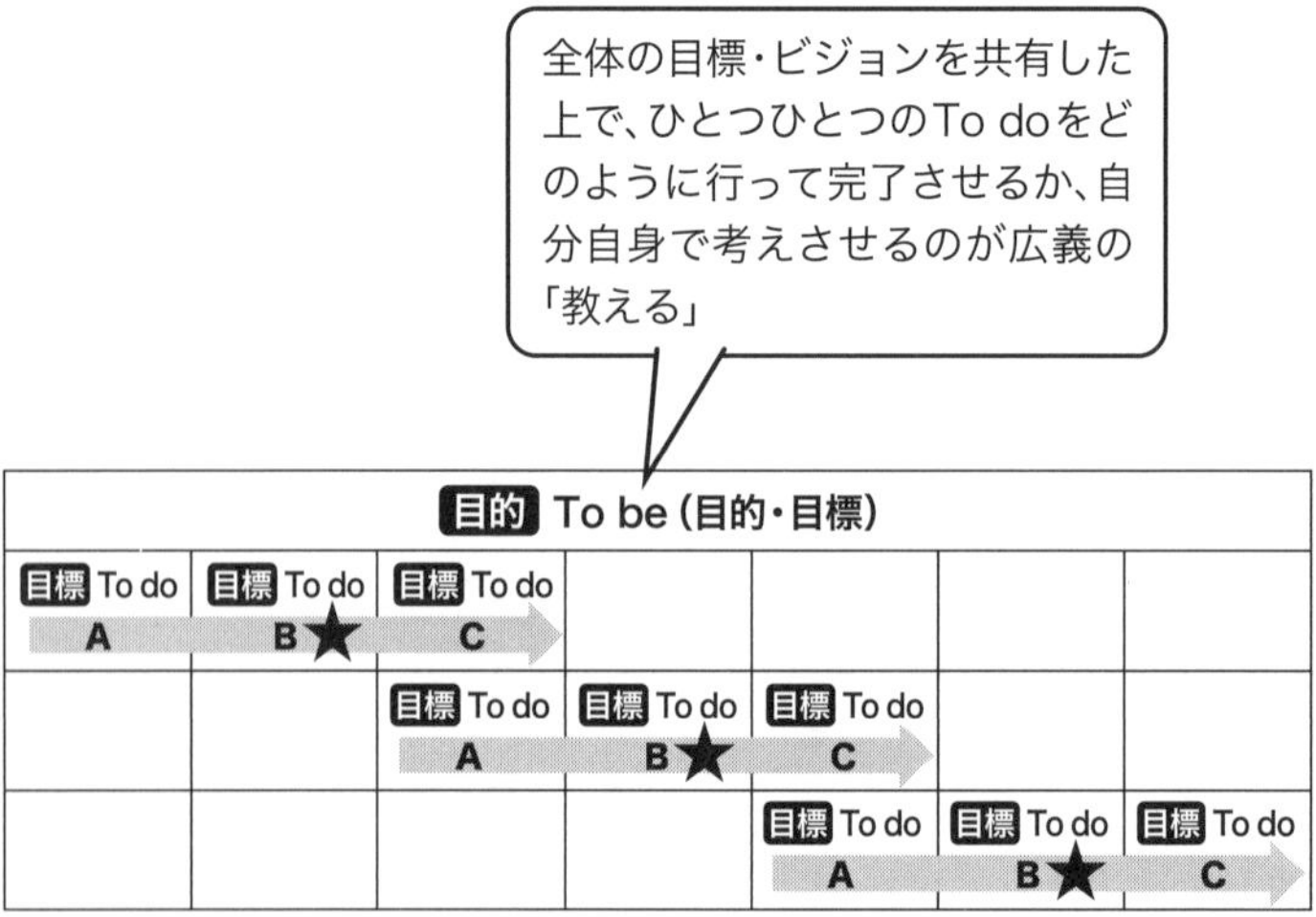

全体の目標・ビジョンを共有した上で、ひとつひとつのTo doをどのように行って完了させるか、自分自身で考えさせるのが広義の「教える」

目的 To be(目的・目標)						
目標 To do A	目標 To do B★	目標 To do C				
		目標 To do A	目標 To do B★	目標 To do C		
				目標 To do A	目標 To do B★	目標 To do C

段階を踏ませてABCの行動を恒常的にできるように

1on1のティーチング、つまり狭義での「教える」では、部下がひとつひとつの仕事のやり方を知らない段階から始まり、それを「知っている」状態に持っていき、知ったところで「やってみる」段階に持っていき、やってみた結果「わかる」状態となり、実践を通じて「できる」ようになり、最終的には仕事を普通に「している」段階にまで持っていきます。部下を指導するときに意識していただきたいのは、この段階を踏ませて、部下が日常的に仕事をこなせるように持っていくことです。

■1on1の中でのティーチングとは

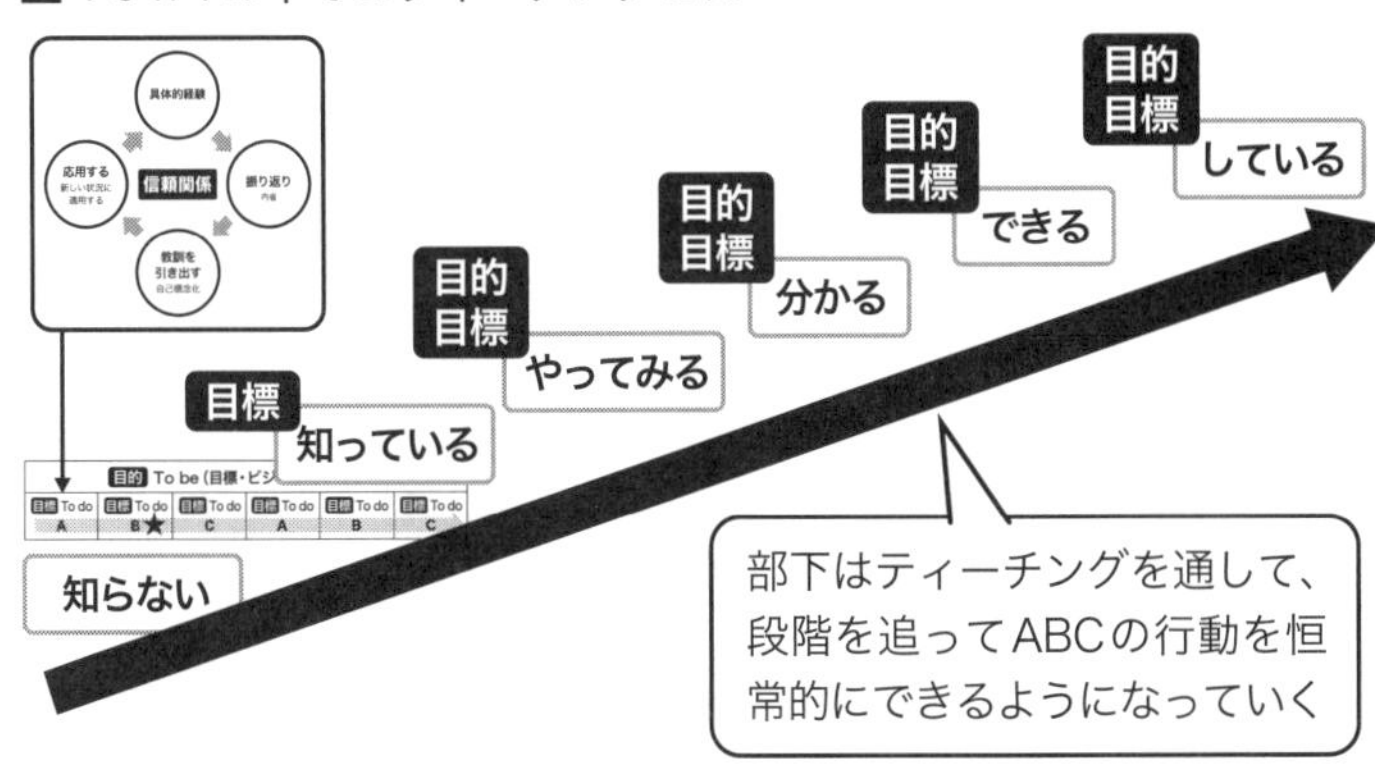

部下は細かいＡＢＣの手順を一つずつ学び、その仕事を恒常的にできるようになっていきます。

学習と経験をサイクルさせホメオスタシスを働かせる

心理学の言葉に「ホメオスタシス」という言葉がありますが、ビジネスにおいても、ティーチングによって部下を成長させ、ホメオスタシスが働く状況に持っていくことが必要となります。

ホメオスタシスとは、「今のスタイルや環境をなるべく維持しよう」とする心理のことを言います。たとえば「毎朝出社したらメールチェックをする」のが習慣となっている人にとっては、その行動をすることで心理的安定を得られ、１日の仕事をすんなりスタートすることができます。そういう人にとっては、ある日メールチェックができない環境になれば、どことなく不安になったり、そわそわしたりするものです。

知らない作業を教えてもらってできるようになるまでは、このホメオスタシスは働きませんが、段階を追って理解し、できるようになり、恒常的に行動するようになれば、ホメオスタシスが働く状態に持っていくことができます。

つまり、学習と経験をサイクルさせることにより、ホメオスタシスが働く状態に持っていくのが、ティーチングにおいて意識すべきことになります。

部下が仕事を組み立てられるように育てることがミッション

一方、広義の「教える」、つまりコーチングにおいては、部下が自分自身でＡＢＣを考えて組み立てることを恒常化させることが必要となります。チームとしての目的・目標に対して、どのようにＡＢＣを組み立てればよいかわからないところから、ティーチングを経て自分で組み立てるということをやってみて、実践を振り返ってどうやればうまくいくか理解し、実践から得た教訓を元に自分でうまく組み立てられるようになり、最終的には常に自分自身で自分の仕事についてＡＢＣを組み立てるようになっていく。ここまで持っていくことが、広義の「教える」になります。

課長に必要な部下への教育を考えたときに、部下は係長や主任クラスとなりますから、細かい仕事のＡＢＣひとつひとつをすべて教えなければいけないわけではありません。ですから、係長や主任クラスの部下たちが、仕事の組み立てをできるように育てることがミッションとなるわけです。

上司自身がプロセス全体を把握していることが大切

そして、狭義の「教える」にも広義の「教える」にも共通しているのは、指導をする上司自身が、行動のプロセス全体を把握していることです。何のためにどんな行動が必要なのか、最終的にどういう行動を恒常化してほしいのか、上司自身がわかっていなければ、ティーチングもコーチングも行き当たりばったりになり、組織として仕事はうまく回っていきません。

上司自身がチームの目標達成のために必要なＡＢＣの組み立てを把握できていれば、部下の仕事を遠目に見ていて「あのプロセスが抜けているな」ということにすぐ気付くことができ、軌道修正はラクになります。また、部下と１ｏｎ１の対話の中でＡＢＣの組み立てを考えてもらうときにも、「次にどうすればいいと思う?」「何か抜けていないかな」とヒントを出しやすくなります。

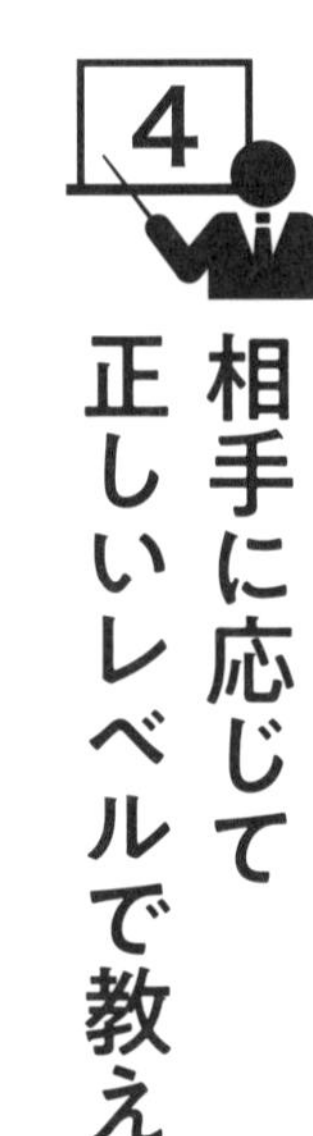

相手に応じて正しいレベルで教えよう

課長と係長では目標が同じでも部下に指導すべき内容は異なる

課長クラスの部下指導とは、係長や主任クラスの部下が自分自身でチームの目的・目標を踏まえて具体的なＡＢＣを組み立てられるようにすることです。

これをもう少し具体的に説明していきます。

たとえば、チームの目標が「スーパーですき焼きの材料を用意する」ことだとします（チームの目標としては実はこれもまだ細かすぎますが、あくまでも一例としてご紹介します）。

すると、「どこのスーパーで買うのか」「どうやってスーパーまで行くのか」「すき焼きの材料は何なのか」「材料を揃えるにはいくらかかるのか」「必要なお金をどのように調達するのか」「どのレベルの肉を買うのか」など、目標達成のために考えなければならないことがいくつも出てきます。

このように、あらかじめどのようなことを考えて決めておかなければならないのか、どのような準備が必要なのかを、部下自身が考えられるようにするというのが、課長クラスの部下指導となります。

一方で、係長・主任クラスの部下指導は、「近いスーパーや安いスーパーの探し方」など、より具体的な視点から部下に指導することになります。

指導のレベルを間違えると部下は育たない

このように、部下に教える内容は上司のポジションによって、個別具体的な小さな内容なのか、小さな内容がいくつも含まれた大きな塊なのか違いが出てきます。管理職の方々は、自分がどのレベルで部下を指導するべきなのか、きちんと把握しておく必要があります。

「ちゃんと部下に指導をしているはずなのに、思うように成長してくれない」と悩みを抱える課長クラスの人の話をよくよく聞いてみると、部下である係長・主任レベルの人への指導内容が、ずっと「スーパーの探し方」「すき焼きの材料の調べ方」といった個別具体的なABCのままになっている場合があります。これでは、係長・主任レベルの人は自分で細かいABCを組み立てる力が身につきません。

逆に、係長・主任レベルの人が同様に悩みを抱えている場合、部下に「すき焼きの材料を用意するのだけれど、そのために何が必要か考えて」と投げているケースもあります。部下としてはスーパーの調べ方から教えてほしいのに、一足飛びに広い視野で物事を考えなくてはならなくなり、ひとつひとつの仕事をなかなか覚えられません。

自分が教えるべき内容はどれくらいのサイズの塊なのか、適正なサイズを把握した上で指導をしないと、指導は効果的にならないということを、頭に入れておいてください。

5 相手の強み・弱みに応じて教え方を変えよう

行動・思考は4つのタイプに分けられる

部下の指導においては、部下一人ひとりの強みや強みを把握しておくことが、より効率的・効果的に指導するためのポイントとなります。

個人の強みや弱みを押さえた上で部下指導ができれば、全員に一から十までいちいちすべてを教える必要はなくなり、上司が指導する時間や労力は削減できます。

では、どのように部下の強み・弱みを把握すればよいかですが、ビジネスシーンで人がどのように行動・思考するかは大きく次の4つのタイプに分けられます。部下がこの4パターンのどれに当てはまるかを考えてみてください。

A：論理・理性脳……論理的・理性的な思考傾向。数字やデータなどの事実を優先する。
B：堅実・計画脳……堅実的・計画的な思考傾向。現状を管理し、維持・安定を優先する。
C：感覚・友好脳……感覚的・友好的な思考傾向。目の前の状況や相手を受容、優先する。
D：冒険・創造脳……冒険的・独創的な思考傾向。創意工夫や新しい発想、変化を優先する。

タイプを見分けるには、図の強み診断シートを用いるとよいでしょう（※この診断シートはダウンロードプレゼントをしておりますので、巻末の案内もぜひご参照ください）。

A～Dの内、当てはまるものが多かったものを、その人のタイプとします。

■強み診断シート

A
□具体的な事実に基づいた判断をする
□合理的に議論し、理路整然と話をする
□問題を切り分け、解決するのが得意
□単刀直入にものをいう
□正確な数字を求めたがる
□相手に説明することを好む
□客観的にものごとを判断する
□曖昧な表現はしない
□結論から話したがる
□知的なことが好き

C
□人の気持ちを察するのが得意
□感情表現が豊かである
□人の話を聞くのが好き
□チームで仕事をするのが好き
□友達は多い方である
□人に教えることが得意
□ボランティア精神に富んでいる
□愛情深い方である
□対人関係は友好的である
□信じやすく騙されやすい

B
□計画と手順に従う
□整理整頓が得意
□仕事の段取りが得意
□ものごとの細部にこだわる
□ルールや規則に従って仕事をする
□リスクを避ける傾向が強い
□スケジュール通りにものごとを進めたがる
□時間を守る意識が強い
□ルーティンを継続するのが得意
□前例に従って実行する

D
□コンセプトを考えるのが得意
□ものごとの全体像を考えるのが得意
□変化することを厭わない
□新しいことに興味がある
□比喩表現やたとえ話が好き
□ものごとに飽きっぽい
□リスクを気にしない
□新しいアイデアを考えるのが得意
□直感的にものごとを理解する
□複数の活動を同時にこなせる

A	個

C	個

B	個

D	個

タイプによって必要なフォローも異なる

このタイプで考えていくと、それぞれのタイプに応じて、次のように指導していくと効果的です。

【Ａ：論理・理性脳の部下】

主観的な言葉を使って説明してもなかなか意図をくみ取ってもらえませんが、筋道を立ててポイントを押さえた説明をすれば、仕事の方向性ややるべきことをすぐ理解してくれます。人の気持ちを汲んだり場を和ませたりすることは苦手なので、そういう場面ではフォローが必要です。

【Ｂ：堅実・計画脳の部下】

全体像から説明するのではなく、決まった手順やプロセスを教え、それが積み上げられていくとどのように全体に繋がっていくのか説明すれば理解してもらいやすいです。今までやったことのない新しい仕事や、目標の大きなプロジェクトを組み立てるのは苦手なので、具体的な段取りを考えるサポートをしてあげましょう。

【C：感覚・友好脳の部下】

仕事の要点をまとめて教えるだけではモチベーションが上がりにくいので、雑談を軽く交えるなど好感を与えるような話し方、気持ちに配慮した伝え方をしてモチベーションを上げましょう。物事を主観的に説明しがちなので、論理面でのサポートが必要です。

【D：冒険・創造脳の部下】

物事の全体像や方向性はすぐに理解でき、すぐにビジュアルとして思い浮かべることができますが、細かい段取りや緻密な作業について考えることや、個別具体的な物事を人に伝えることは苦手なので、伝え方がざっくりし過ぎていないか丁寧にサポートしてあげるとよいでしょう。

タイプによって、細かい作業の段取りを把握することが得意な人もいれば、苦手な人もいます。全体像をすぐにつかめる人もいれば、わかりやすく説明しないとなかなかつかめない人もいます。ミスしやすいポイントもタイプによって異なりますので、相手のタイプを把握しておくことで、どういう場面で気を付けて見ておくべきかわかり、ミスを事前に防ぐなどのフォローがしやすくなります。

このようにどこを教えてどこを教えなくて済むか把握することで、部下指導を効果的に進めていただきたいと思います。

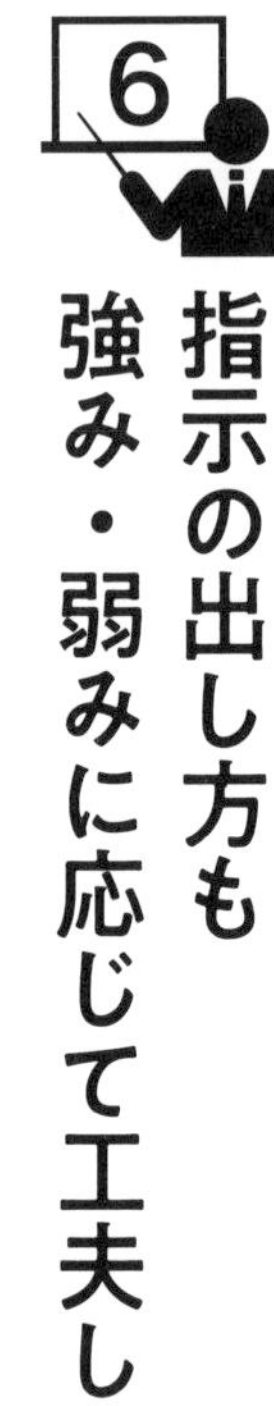

6 指示の出し方も強み・弱みに応じて工夫しよう

タイプによって重点的に伝えるべきポイントは変わる

部下のタイプがわかると、仕事の指示を出すときにも、具体的にどのようなポイントを重点的に伝えればいいかがわかります。

たとえば部下のXさんが、仕事を組み立てる力はあり、相手に自分の考えを伝えるコミュニケーション能力もあるけれど、新しい仕事に取り組むことや細かい段取りは苦手だという場合で考えてみましょう。タイプ別診断で言えば、Aタイプの部下に当たります。

この場合は、仕事の目的や期限、優先順位に関してはすんなり理解してもらえると思います。ただ、どのくらいのレベルで完了させる必要があるかというクオリティに関してイメージすることは苦手と考えられるため、完成した仕事が次にはどのように使われるのかをしっかり話しておく必要があります。

また、コミュニケーションのポイントとしては、全体像をつかんでもらった後に再度、期限や優先順位を確認することです。全体像が見えたところで段取りをまた確認することで、微調整ができるようになります。

タイプによっては他のメンバーへの振り分けも検討する

もう1パターン、例を挙げておきましょう。部下のYさんは、ユニークで新しい仕事には特に関心があり、自分からチャレンジするタイプだったとします。一人で仕事を進める力は十分にあります。ただ、人に協力を求めるのは少し苦手です。タイプ別診断で言うと、Dのタイプです。

このYさんの場合は、目的や仕事のレベル感についてはすぐにつかんで、行動してもらえると思います。ただ、他の仕事との期限や優先順位を両立させるために、部下や周りの人にうまく仕事を振ることができず、一人で抱え込んでしまうかもしれません。そのため、期限や優先順位には余裕を持たせる形で仕事を任せることや、Bさんの他の仕事状況を把握して、場合によっては上司の立場からその仕事を他のメンバーに移行させることも検討しながら任せていくとよいでしょう。

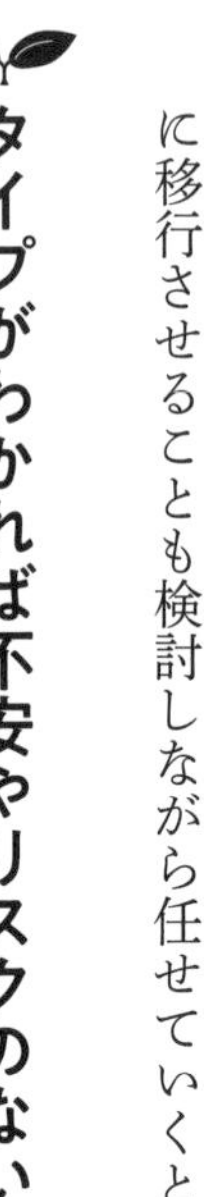

タイプがわかれば不安やリスクのない形で仕事を任せられる

ここでポイントを整理してみましょう。

A：論理・理性脳……事実・証拠・数量化・統計・効率性
B：堅実・計画脳……具体例・実直・規則・順序・安全策・準備
C：感覚・友好脳……支援・対話・共感・精神論・フレンドリーシップ
D：冒険・創造脳……全体像・新奇性・たとえ話・相乗効果・質問

Aタイプの人には、雑談を交えたりフィーリングで伝えようとしたりせず、数字や根拠など必要な情報を絞って伝えることが有効です。

Bタイプの人には、物事を順序立てて伝え、現実的な目標を示すとよいでしょう。

Ｃタイプの人には、理屈っぽくならないように、ときには雑談を交えたり、「一緒に頑張ろう」など情に訴えるような言葉を入れたりするとよいでしょう。

Ｄタイプの人には、細かいデータに基づいて話すよりも、全体像と大きな方向性を示し、イメージしてもらうことが大切です。

このように、部下の得意なこと、不得意なことなどの特徴をつかめば、すんなり理解して進めてもらえそうな部分と、不安な部分がわかってくるかと思います。不安な部分については、先に不安やリスクのない形で仕事を任せるようにしてください。

具体的な指示の出し方についてＯＫ・ＮＧなアクションを表にまとめてみますので、参考にしてください。

■タイプ別の指示の出し方

タイプ	ＯＫな指示の出し方	ＮＧな指示の出し方
タイプA： 論理・理性脳	・筋道を立てて、要点をわかりやすくまとめる ・統計データなど数値を使って説明する ・主観や憶測を入れず、客観的な事実のみを伝える	・無駄な雑談をする ・個人的な感想や意見を押しつける ・非効率的で無目的な時間の使い方をする
タイプB： 堅実・計画脳	・手順、プロセスを確立した上で伝える ・伝えることに常に一貫性を持たせる ・スケジュールを具体的、詳細に立てる	・プロセスを飛ばして、飛躍的なアイデアや目標を伝える ・実現可能性の乏しい目標を与える ・無謀な期限設定など、スピード優先にする
タイプC： 感覚・友好脳	・好意的、フレンドリーな態度で接する ・日常的に、積極的に相手に声をかけて関わる ・相手の立場や気持ちを尊重する	・挨拶しない、目や顔を合わさずに話す ・個人的な感想や意見、ホメ言葉を言わない ・ロジック先行で議論する
タイプD： 冒険・創造脳	・ユーモアに富んだ表現で伝える ・数字よりもビジュアルやたとえ話などを使って伝える ・物事の全体像や方向性を伝える	・新しい提案に対して不安を伝えたり抵抗を示したりする ・同じことを何度も繰り返し伝える ・細かいデータや具体的な論拠などを求める

1on1面談で経験学習サイクルを回すサポートをしよう

部下が行動に移した後のフォローも重要

部下指導では、部下に必要なことを指示し、行動に移した後のフォローも重要です。手順としては、「部下に仕事を実行してもらう→実行したことを振り返ってもらう→そこから教訓を引き出してもらう→得た教訓を次の仕事でも活かしてもらう」という流れになります。この手順を循環させていくことで、部下の経験値が上がり、学習の積み重ねによって次の仕事も効率的に進められるようになり、課題解決能力も上がっていきます。

つまり、前章（レベル2）でも紹介した「経験学習サイクル」の考え方です。このサイクルにおいて、上司は1on1面談の中で「どこがうまくいかなかったかな？」「どうしてうまくいかなかったと思う？」「うまくいかなかった部分を次はどう

■経験学習サイクル

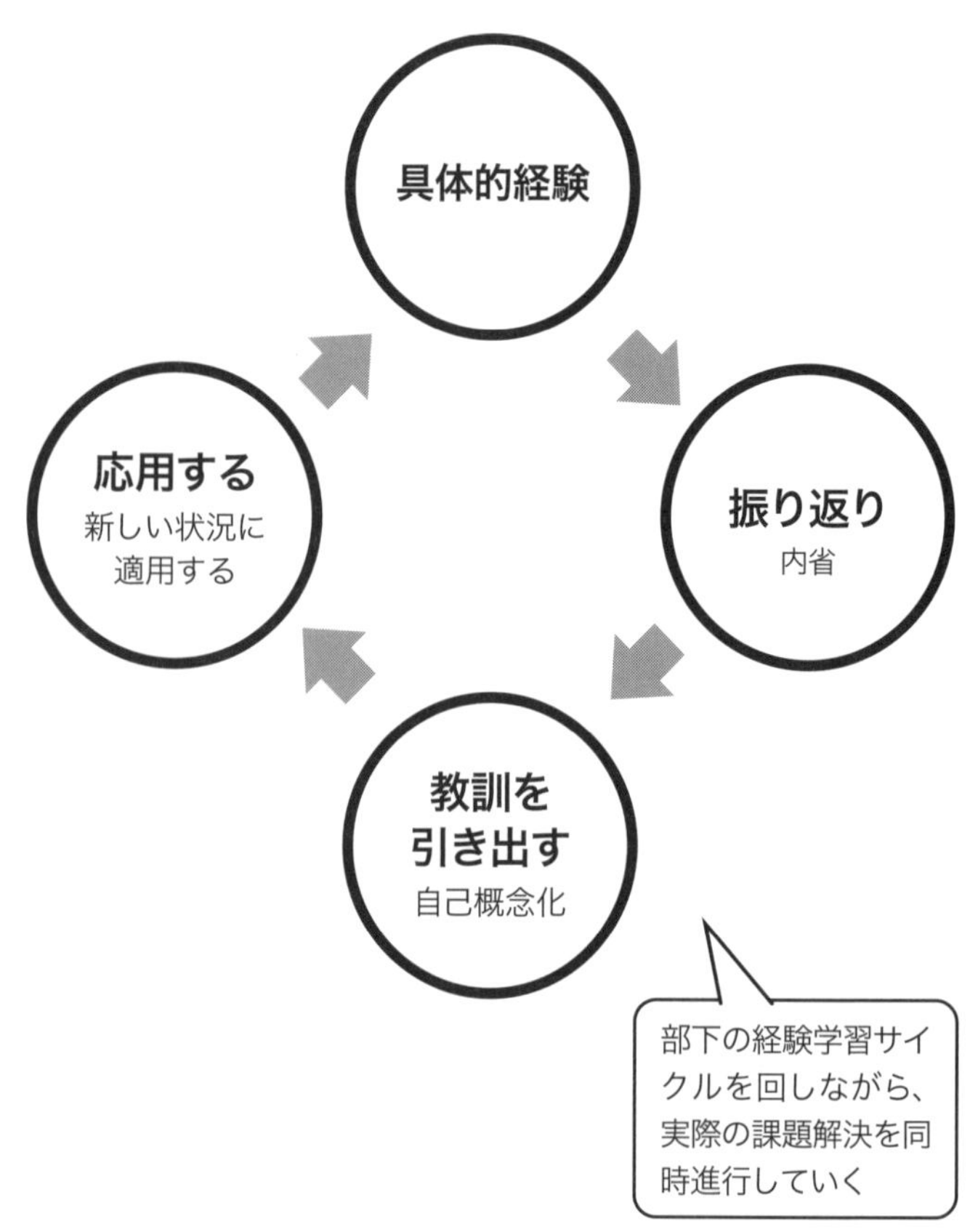
具体的経験
振り返り
内省
教訓を
引き出す
自己概念化
応用する
新しい状況に
適用する
部下の経験学習サイクルを回しながら、実際の課題解決を同時進行していく

していけばいいかな」と質問していくことで、部下自身が具体的経験を振り返り、教訓を引き出すためのサポートをしていきます。

タイプに応じて適したサポートを

このサポートのときにも、部下の強みや弱みを把握していれば、「ここはもう少し具体的に指示を出したほうがよかったのではないかな」「段取り自体はいいのだけれど、コミュニケーションが足りなかったのではないかな」など、ヒントを出しやすくなります。

また、１ｏｎ１面談で一緒に目標設定をしていく際にも、その部下の得意分野か不得意分野かに応じてハードルの高さを調整してあげることができます。

こうして、すべてのことを強みや弱みから逆算して考え、１ｏｎ１面談で弱みを補うようにしていけば、部下は一つずつ階段を上って自走できるようになっていくはずです。

レベル

4

任せ上手になる

このレベルで目指すこと

管理職としてレベルが上がったとき、より難しくなるのが「仕事の任せ方」です。

係長・主任レベルであれば、社員一人ひとりが仕事に対してどのように動いているか、仕事がどのように進んでいるか、近くで見ながら確認することができます。一方、一段階レベルアップした課長クラスになると、自分の下に係長・主任が複数人存在し、それぞれのチームに仕事を振り分けることになります。すると、各仕事の進捗を具体的に一つずつ確認していくことは困難になります。

そこで大切なのが、自分のチームにいる係長・主任クラスの人たちに、仕事を適切に任せるということです。係長・主任たちが、自分の仕事について責任を持って自ら考え、動き、進めていけるような任せ方ができるかどうか。本章では、一段階難しくなる「仕事の任せ方」についてお伝えしていきます。

意志決定はボトムアップでいこう

組織の意志決定の二つのあり方

組織の意志決定のあり方には、トップダウンとボトムアップの2パターンがあります。部下に仕事を任せる際には、まず、この意志決定のあり方について意識しておくことが重要です。

トップダウンとは、会社やチームの意志決定をリーダー（トップ）が行い、それを下に伝えていくというやり方です。社員の上にいる課長や部長、社長などが物事を決め、社員に通達して仕事をしてもらうのがトップダウンマネジメントです。答えを持っているのはリーダーということです。

ボトムアップの場合はその逆で、意志決定の際にすべてのメンバーに意見を述べる権利があり、意志決定に参加します。イメージとしては、社員の横に課長や部長、社長がいて、上にある組織の目的や目標、ビジョンを共に見ている、という形になります。チームの答えはリーダーの考えではなく、その目的や目標、ビジョンになるわけです。

トップダウンは部下のモチベーションを下げる

よく、リーダーになると「自分の考えが、部下が出すべき答えだ」として、監督者のようにふるまう人がいます。しかし、部下は上司個人が持っている答えにたどり着くために働いているわけではありません。あくまでも、組織の目標、目的、ビジョンを実現するために存在するのです。これを理解していないと、部下のモチベーションは上がらず、自立して動くことができなくなってしまいます。

つまり、管理職になったときに常に意識してほしいのは、トップダウンのマネジメントになっていないかということです。部下の指導がうまくいっていないと感じる場合には、トップダウンの考え方になっていないか、確かめる必要があるでしょう。

トップダウンマネジメントが当たり前となってしまうと、リーダーは、他人の価値観を自分の価値観に染めようとしてしまいがちになります。自分が持っている答えを常に正解だと思ってもらおうとする言動が多くなってしまうのです。

すると、部下は上司の顔色を窺って仕事をすることになります。これが続くと、何のために仕事をするのかわからなくなり、モチベーションの低下に繋がります。

価値観の違うメンバーが同じ目標に向かうために

一方、ボトムアップマネジメントでは、人は変えられないというのが前提になります。価値観はそれぞれ違うので、それぞれの話をよく聞きながら、同じ目標に向かってどうしたら進めるかを考えるのが、ボトムアップマネジメントです。組織の目的、目標が明らかになってさえいれば、メンバーはしっかりビジョンを持って一人ひとり行動することができます。

なお、言わずもがなですが、組織の目的や目標、ビジョンをリーダーが把握していない状態でボトムアップマネジメントをすることは不可能ですので、まずはリーダー自身がしっかり組織の方向性を理解し、姿勢を作ることが重要です。

■トップダウンとボトムアップ

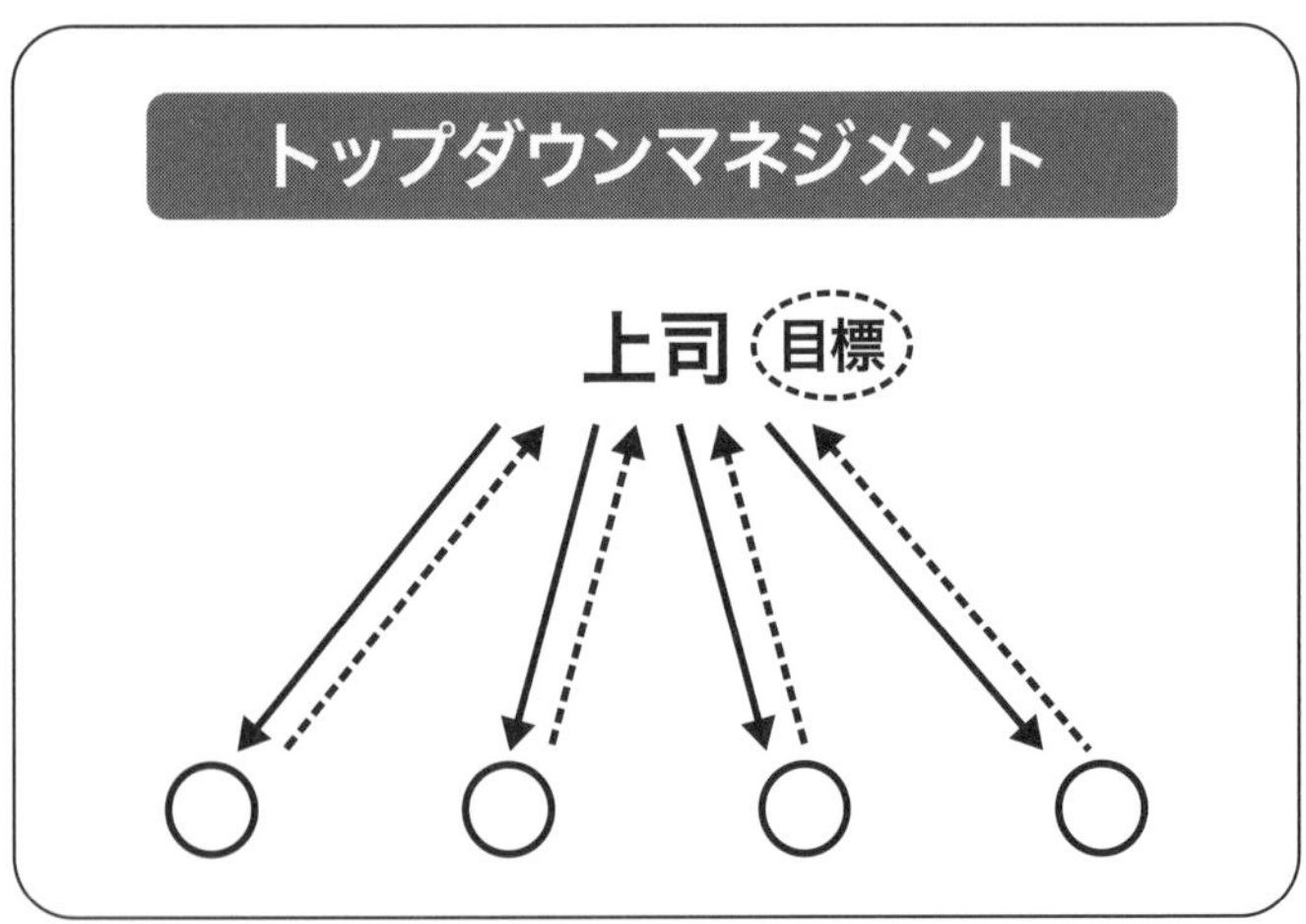

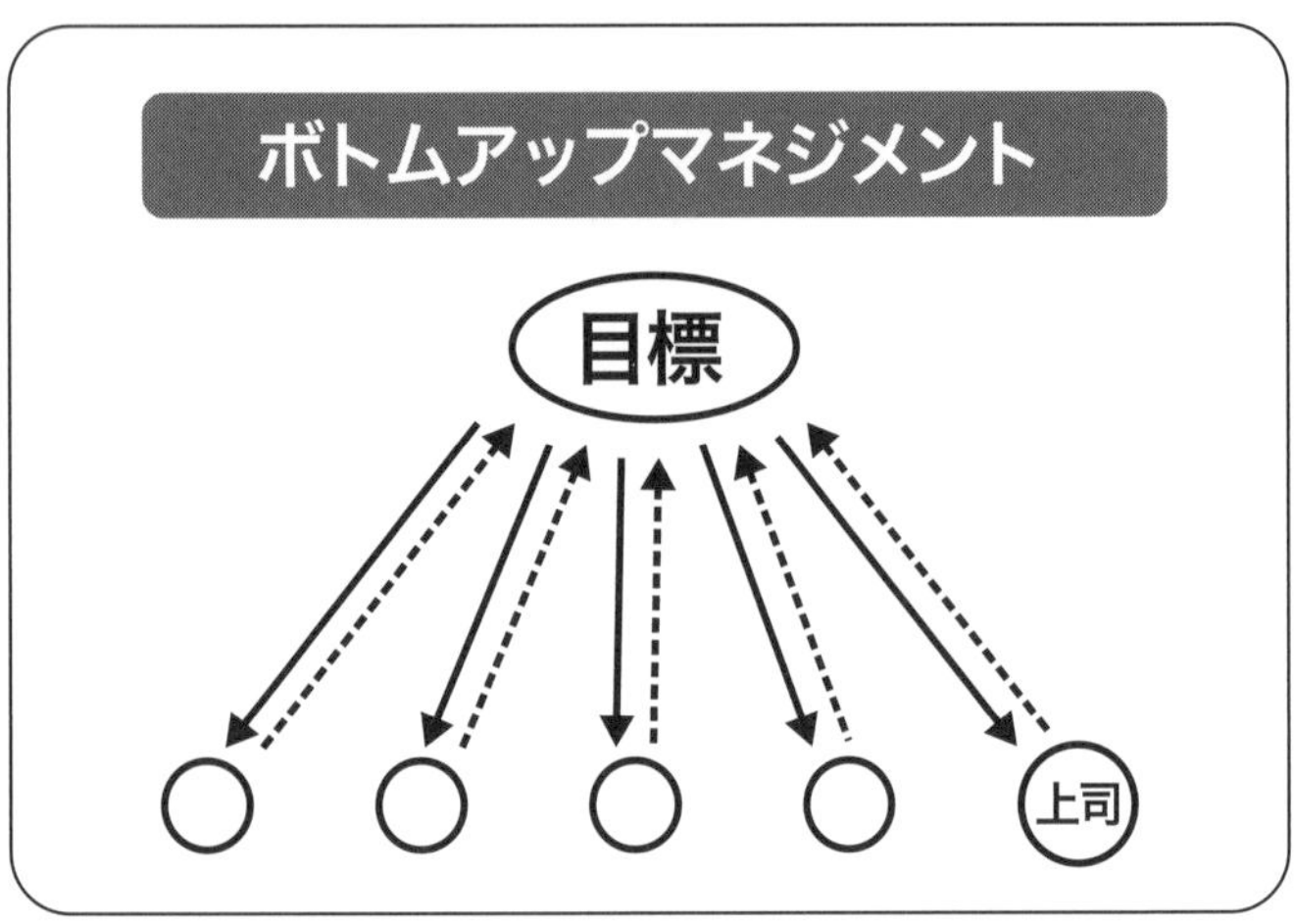

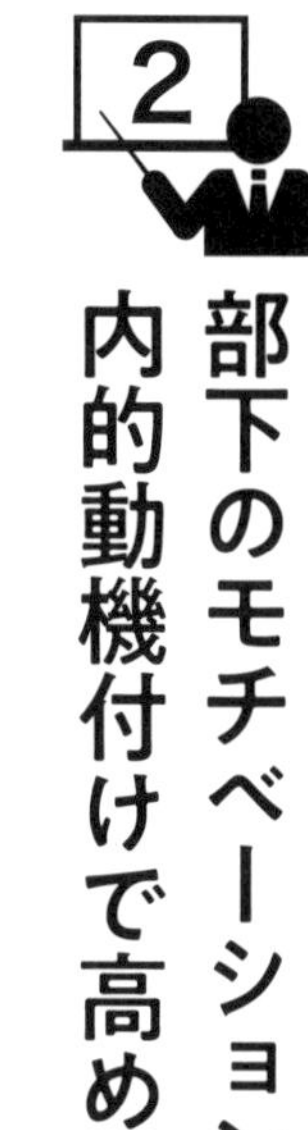

部下のモチベーションは内的動機付けで高めよう

動機付けには二つの種類が存在する

部下の係長さんに仕事を任せたいのに、なかなか自発的に動いてもらえない、と不満を持っている課長さんの相談を受けることがあります。動いてもらえないから任せておけず、自分が課のメンバー一人ひとりに指示を出さなくてはならない、大変だ、という話です。

しかし、変えられるのは自分と、自分に関する今と未来のみです。ということは、自分のやり方を変えることで、係長さんのモチベーションを上げるしかありません。では、それはどうすればいいのか。

ここで、人のやる気が高まるのはどういうときかについて考えてみましょう。

モチベーションという英語は、日本語では「動機付け」と訳されます。「やる気」

という意味で捉えられることが多いですが、本来は「何らかの行動を起こし、目標に向かって進む過程や機能」という意味も含まれます。

この「動機付け」には、二つの種類が存在します。それは「外的動機付け」と「内的動機付け」です。

外的動機付けは、外部からもたらされるものを目標として、その目標を実現するために行動しようとすることを指します。たとえば、「達成すればご褒美がもらえる」「やらなければ罰が与えられる」「やらないと上司に怒られる」といった理由から行動するのが、外的動機付けです。

一方、内的動機付けは、自分自身の関心や興味など、内にある欲求に起因して行動することを指します。たとえば、「この仕事に挑戦して成功させたい」「ハードルの高い目標を達成したい」といった、やりがいや達成感を元に行動することとなります。

外的動機付けは問題追及アプローチになりがち

部下と接するとき、リーダーのみなさんには、このどちらを意識して部下を動かそうとしているかを考えていただきたいと思います。

外的動機付けを元に指示を出している場合には、基本的には部下を自分が思った通りに動かそうとすることになります。

指示の出し方についても、「これができたら昇給できるから」「やらないと、○○部長の機嫌が悪くなるから」といった言葉を行動の動機付けにしがちです。あるいは、ホメ言葉と説教をバランスよく繰り出してさえいれば、人は動かせると考えていることもあります。

思うように仕事が進んでいない場合には、「もっとやる気を出せ」「どうしてもっと早くできないんだ?」「できなかった理由を言ってみろ」と相手を責めて、反省させて終わりというように、「問題追及アプローチ」になりがちです。

モチベーションが上がりやすく持続しやすいのは内的動機付け

一方、内的動機付けを元に部下をマネジメントしている場合には、部下の考え方は自分の考え方とは異なるものだということが前提になります。

指示を出す際にも、「あなたはこの仕事をすることでどうなりたいか？」「組織目標を達成するために、どのように力を発揮したいか？」と相手の話を聞きながら、自らの中に行動の動機を作ってもらいます。上司はそれを引き出すのが仕事となります。

何かうまくいっていないときには相手を責めるのではなく、「どうしたら目標を達成できるのか」「改善できる点はないか」と一緒に分析して次の手を打つ、「解決誘導アプローチ」になります。

では部下のモチベーションが上がりやすく、持続しやすいのはどちらの動機付けになるでしょうか？　もちろん、内的動機付けとなりますので、意識していただきたいと思います。

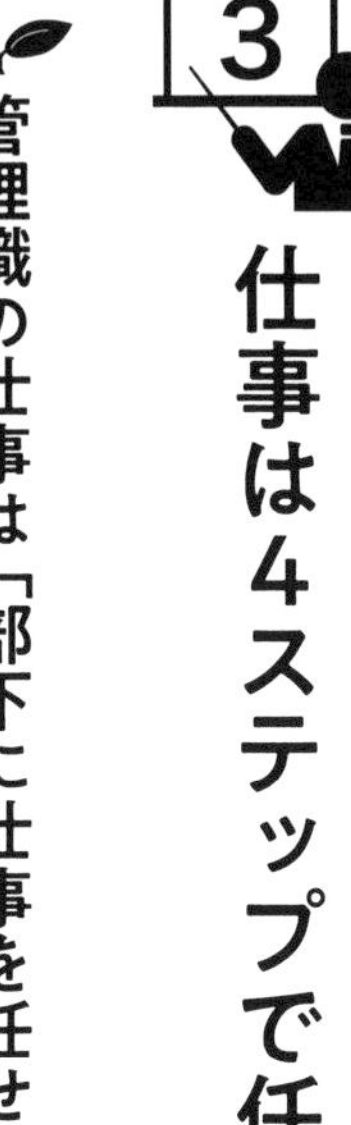

仕事は4ステップで任せよう

管理職の仕事は「部下に仕事を任せること」

極論を言うと、課長の仕事は「係長・主任に仕事を任せること」です。仕事を任せるまでには、次の4ステップを踏みます。

①タスクを設定する
②タスクをチームで共有する
③誰が何を担当するか決める
④タスクと絡めて個人目標を決定する

つまり、まず自分のチームのタスクを整理し、メンバー、つまり複数の係長・主任たちとそのタスクを共有します。そして、誰がどのタスクを担当するかを決めていきます。さらに、そのタスクと絡めて、担当するメンバー個人の目標を設定していきます。

このときに重要なことは、繰り返しになりますが、各タスクの目的・目標は、組織全体の目的・目標であり、「自分が思っている答えに到達してもらうこと」ではないという点です。

この手順については、係長・主任も同じように、それぞれがさらに自分たちのチームのメンバーである社員たちに行うことになります。課長は、各メンバーにこの４ステップで仕事を任せたら、各メンバーも同じ手順でタスクを振り分けるように伝えておきましょう。

1対1から1対多へのレベルアップが必要

このように、一人が多数のメンバーとコミュニケーションをすることとは、「1対多のコミュニケーション」となります。管理職としてのレベルが上がっていくと、1の

n1（1対1）のコミュニケーション能力だけでなく、「1対多のコミュニケーション」能力や、「多対多のコミュニケーション」能力も求められることになります。これについてはまた次章（レベル5）で説明させていただきます。

本章では引き続き、部下一人ひとりにどのように仕事を任せていくかという点について、詳しく解説していきます。

相手が自走できる任せ方をしよう

課長には「任せる力」が必要

繰り返しになりますが、課長の役割は、係長・主任に仕事を任せることにあります。係長・主任の下には、複数の社員がいる構造です。つまり、係長・主任のときには社員一人ひとりをマネジメントしていたのに対し、課長になると「社員をまとめている係長・主任」をマネジメントすることになり、塊が一つ大きくなります。そのため、社員一人ひとりのマネジメントについては、係長・主任に任せることになります。

難しいのは、この「任せる」ということです。

曖昧な任せ方をしてしまうと、思ったような成果を出してもらえないかもしれません。かと言って社員一人ひとりの仕事内容まで細かく指示してしまうと、複数のチームを管理するのに労力がかかりすぎてしまいますし、係長・主任がいる意味がなくなります。

係長・主任がその下にいる部下たちを適切にマネジメントするためにも、課長クラスの人は正しい任せ方を知っていなければなりません。

「任せる」と「丸投げ」は違う

では、正しい任せ方とはどのようなものなのでしょうか。

まず、多くの人がやって

■課長が係長・主任に任せること

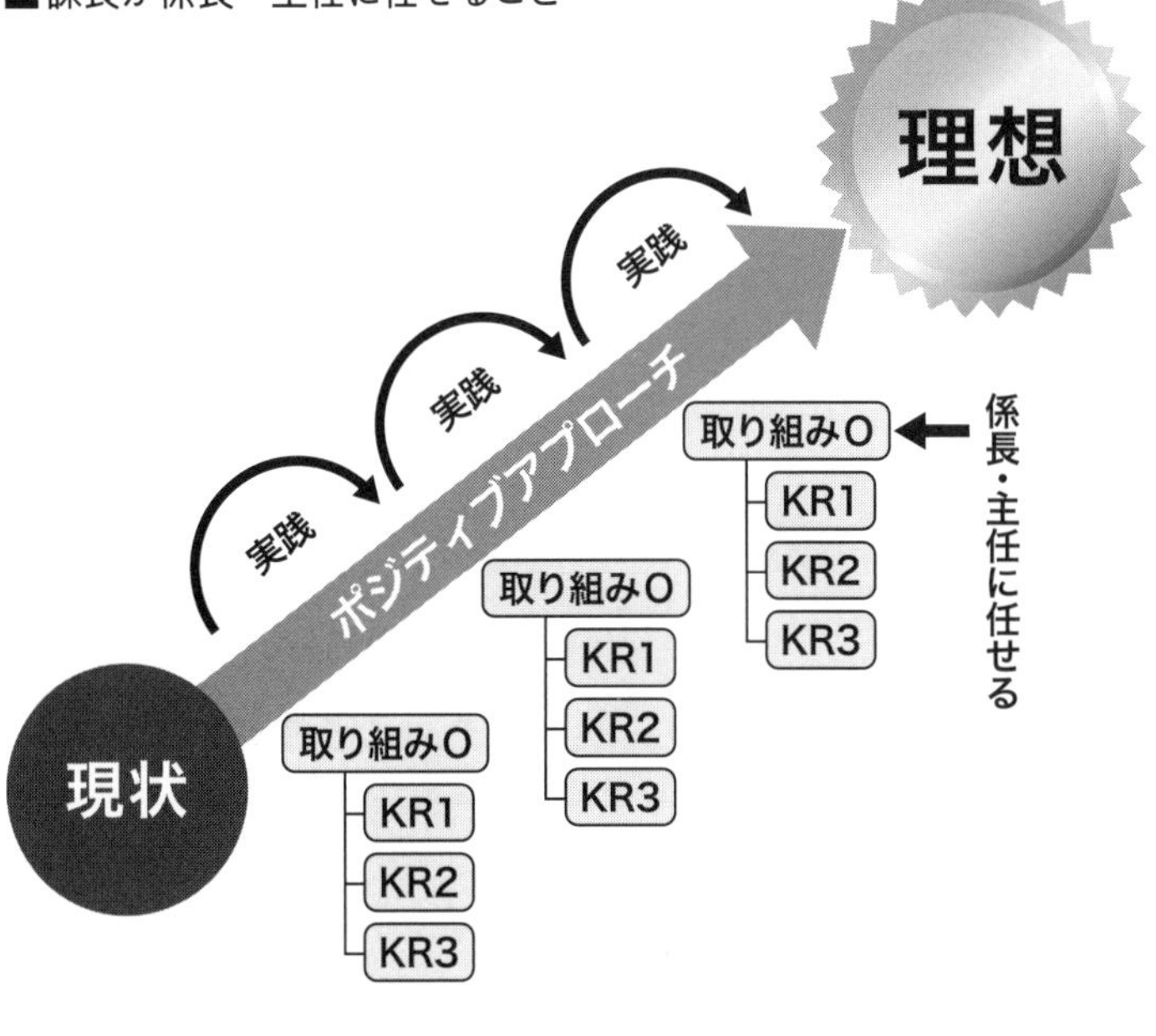

理想
実践
実践
実践
ポジティブアプローチ
取り組みO
KR1
KR2
KR3
係長・主任に任せる
取り組みO
KR1
KR2
KR3
取り組みO
KR1
KR2
KR3
現状

しまいがちなのが、任せているつもりで丸投げになっているということです。

では、「任せる」と「丸投げ」はどのように違うのでしょうか。整理してみます。

- 任せる：守るべき要件が明確で、任された側が自走できる
- 丸投げ：守るべき要件が曖昧で、任された側が自走できない

違いは、守るべき要件の示し方にあります。その結果として、任された側が自分自身で目的や目標に向かって仕事を進められるか、行き詰まってしまったり方向性を間違えてしまったりするかが変わることになります。

それでは守るべき要件が明確であるとはどういうことなのでしょうか。それを次項で見ていきましょう。

守るべき要件を適切に伝えよう

要件が明確であるための４条件

正しく任せるには、守るべき要件を明確にすることが必要です。ここで、要件を明確化する方法について、もう少し詳しく説明していきます。

基本は、次の４つの条件を満たすことです。この４つの内、どれかが外れてしまうと、正しく任せることはできません。

①期限を示す
②優先順位を示す
③目的・背景を示す
④レベルを示す

順に説明しましょう。

①期限を示す

仕事を任せる際には、いつまでにやらなければならないのか、急いでやる仕事なのか、それともゆっくり時間をかけてもいい仕事なのか、部下に理解してもらう必要があります。

上司は期限を示した上で、進捗を確認することも重要です。

②優先順位を示す

任せた仕事と、部下が既に持っている仕事とを比べて、「これが最優先、これが次、これは3番目」と、優先順位を伝えることも大切です。優先順位を示すことで、任せる仕事に使ってもらう時間をしっかり確保することができます。

また、伝えるべき優先順位には、時間的な順位だけでなく、価値の順位もあります。与えた仕事の中で、どの要素がもっとも重要なのかを示すということです。たとえば営業資料の作成であれば、金額の部分が重要なのか、他社との比較の部分が重要なのか、サービス内容を具体的にすることが重要なのか、重要度に優先順位があるはずです。

③目的・背景を示す

なぜその仕事をするのかということです。仕事の指示を出すときには、その仕事内容だけでなく、全体像を部下に伝える必要があります。その仕事が組織全体の目的・目標の中で、どの部分を担うパーツなのかを理解してもらいましょう。

④レベルを示す

レベルというのは、資料作成であればどこまで細かく書き込むかというように、完成度をどこまで求めるかということです。

仕事を任せるときには、時間も部下の能力も、有限であることを忘れてはなりません。時間をかければかけるほど、仕事の精密度が上がったり、完成度が高くなったりすることはありますが、かけられる時間は限られています。また、部下の能力以上のものを求めても、いい結果は得られない上に、部下には苦痛を与えることになってしまいます。

相手のタイプも考慮する

さらに、この①〜④に加えて重要なのが、相手の強みや弱みです。

前章（レベル3）で説明したように、仕事を任せる相手がどのようなタイプなのかによって、伝え方や期限の取り方、レベルなどは工夫する必要があります。ここでも、部下が4タイプの内どのタイプに当てはまるか考えて、適切な伝え方をするようにしてください。

スピード感を持って効率よく物事を進められるタイプなのか、アイデアを次々に出して挑戦していくタイプなのか、物事をよく分析しながらじっくり性格に取り組むタイプなのか、ミスがないよう正確にコツコツと仕事をこなしていくタイプなのか。

相手のタイプによって、早く完成させられそうなので期限を短くするべきか、任せた仕事は時間がかかりそうなので、先に早く終わりそうな仕事を優先してもらうべきか、どの程度の緻密性を求めるかなど、指示の内容が変わってくるはずです。

以上を踏まえて、適切に部下に指示を出せるようにするには、図の「任せ方シート」を利用していただくとよいと思います。書き方の事例を紹介しておきますので、参考にしてください。

（記入例）
①期限：今週金曜の設計事務所との打ち合わせの前日、木曜の12時くらいまで
②優先順位：金曜締め切りの新築工事の見積もり案件も遅れないようにする
③目的・現在の状況：打ち合わせ後、すぐに工事の手配に入れるように。また、次の工程について設計事務所と打ち合わせを進められるようにする
④レベル：設計事務所の担当者が判断しやすいように、選択肢を提示する形で資料作成する

■任せ方シート

①期限
②優先順位
③目的・現在の状況
④レベル
相手の特徴
以上を踏まえてどう伝えるか？（まとめ）

任せた後は定期的に確認しよう

「任せて放置」はNG

ここまで、課長として業務遂行をするときに大切なことをお伝えしてきました。仕事の答えは、自分の中にあるのではなく、組織の中にあるということ。課長として仕事を任せるとき、つまり仕事を大きな塊として一つ下のリーダーに任せるときの正しいやり方はおわかりになったかと思います。

次に、仕事を任せた後、係長・主任とどう関わっていくかについて説明していきます。

大きな塊の仕事を任せたら、それが仕上がるまで、あるいは期日まで、何も関わらずに放置してしまうと、仕事が間違った方向に進んでしまったり、達成困難な状況に陥ってしまったりするリスクがあります。

仕事を任せた後の課長の仕事は、係長・主任がその仕事を遂行していることを定期的に確認することです。

何かあったときに部下が相談しやすいように

そこで重要なポイントとなるのが、レベル2でお伝えした1on1コミュニケーション（面談／面談以外）のうち、面談以外の場でどう関わるかです。

面談の場合は、本当に困ったことが起きていないか、何か悩んでいないかといったことを確認することになり、部下自身の成長を促すことになります。時間も限られているので、テーマを絞った話をするため、日々の細かい仕事の進捗を確認することは難しくなります。そこで日々の業務遂行に関わることは、面談以外のコミュニケーションで行います。

たとえば、日常の中で「今、進めている大型プロジェクトの進捗はどう？」などと訊ねてみます。もし「おおむね大丈夫そうです」といった返事が来たら、「もし何か気になることがあれば、早めに連絡してね」と伝えておけば、部下は何かあったときに相談しやすくなります。

期日まで何も声をかけなければ、部下は「忙しそうで声をかけづらいな」「相談しても大丈夫かな」と思ってしまい、重要なときに相談しづらくなってしまう可能性があります。

うまくいっていなければ面談で解決

また、返答が「あまりうまくいっていなくて……」という場合には、早めに1on1面談の時間を取って、問題解決に動くこともできます。

何かうまくいっていないことがあり、1on1面談をスポットで設定した場合には、今まで進めてきてうまくいった部分、うまくいかずに困っている部分をしっかり洗い出して、困っている部分についてアドバイスをすればよいでしょう。

このように、定期面談だけで進捗確認を終わらせるのではなく、任せた後も進捗をこまめに確認し、スポットでの1on1面談も活用しながら、仕事を進めていくようにしてください。

レベル
5

本物のチームを作る

このレベルで目指すこと

ここまでレベル１～３では上司と部下との「１対１のコミュニケーション」を扱い、レベル４では管理職が多数のメンバーと「１対多のコミュニケーション」を取るために必要な任せ方についてお話しました。これらのコミュニケーションで扱ってきたのは、あくまで上司と部下の関係です。

これに対して、チームのメンバー同士が関係し合い、それぞれの強みを活かしてチームワークを発揮するのが「多対多のコミュニーション」です。多対多のコミュニーションがうまくいくようになって、はじめて本物のチームと呼べるでしょう。

管理職として最終的に目指すべきなのは、そのような本物のチームを作ることです。それをチームビルディングと言います。本章では、そのために上司が果たす役割について説明します。

3つの視点でチームビルディングに取り組もう

ドラッカーのマネジメントを実行する

経営学者のピーター・F・ドラッカーの有名な著書『マネジメント』はみなさんご存知かと思います。ドラッカーは著書の中で、マネジメントとは「組織を構成する人が、その人の強みを活かして成果を上げ、自己を実現し、弱みを無効化するように組織を運営する方法」だと伝えています。

このマネジメントを実行するには、組織を構成する人たち、すなわちチームのメンバーがお互いに強み・弱みをまず知っておく必要があります。お互いの強み・弱みを知ることで、誰かの強みを活かして他の誰かの弱みを無効化するということが叶うわけです。

また、「自己の実現」という部分で言えば、お互いの目標をお互いに知っていなければ、どういう方向に物事を進めていけばよいかがわかりません。

上司であれば、部下一人ひとりの強みや弱み、目標については、理解しているかと思います。しかし、部下同士はどうでしょうか。部下Aさんは、部下Bさんの得意なこと、不得意なことを理解して動くことができているでしょうか。

チームビルディングには3つの視点が必要

上司と部下の1on1コミュニケーションはしっかり取れているのに、なぜかチームがうまくまとまらない。そんなケースでは、部下同士がお互いの強みや弱み、あるいはお互いの目標を理解して動けていない場合がほとんどです。

つまり、上司としてチームをマネジメントしていくためには、まず部下一人ひとりの強みを最大限に活かせるチームを構築しなくてはなりません。それを、チームビルディングと言います。

チームビルディングには、まず次の3つの視点が必要になります。

①人材力（Strengths／強み）
②組織力（Structure／構造）
③関係力（Relation／関係）

順に説明しましょう。

①人材力

人材力とは、メンバーの強みや思考・行動の特徴を踏まえて、どんな配置が必要か、あるいは今どんな人材が必要かを考える力です。

レベル3でお伝えしたボトムアップマネジメントでは、人は変えられないということを前提としています。つまり、部下に対して「どのように言うことを聞かせるか」と考えるのではなく、チームの目標に対してどのように貢献するか、部下自身に考えて動いてもらうということです。そのためには、部下一人ひとりの特徴と、目的・目標を理解し、それぞれにふさわしい役割を割り振ることが必要です。

②組織力

組織力は、チームの目的や目標と、個人の目的や目標との接点をしっかり作った上で、メンバー一人ひとりが主体的に動き、かつチーム全体が一丸となって相乗効果を生み出せるようにする力です。

レベル2では個人の目的・目標が各チームの目的・目標と繋がっていき、各チームの目的・目標が会社全体の目的・目標に繋がってい

■ＳＳＲ理論

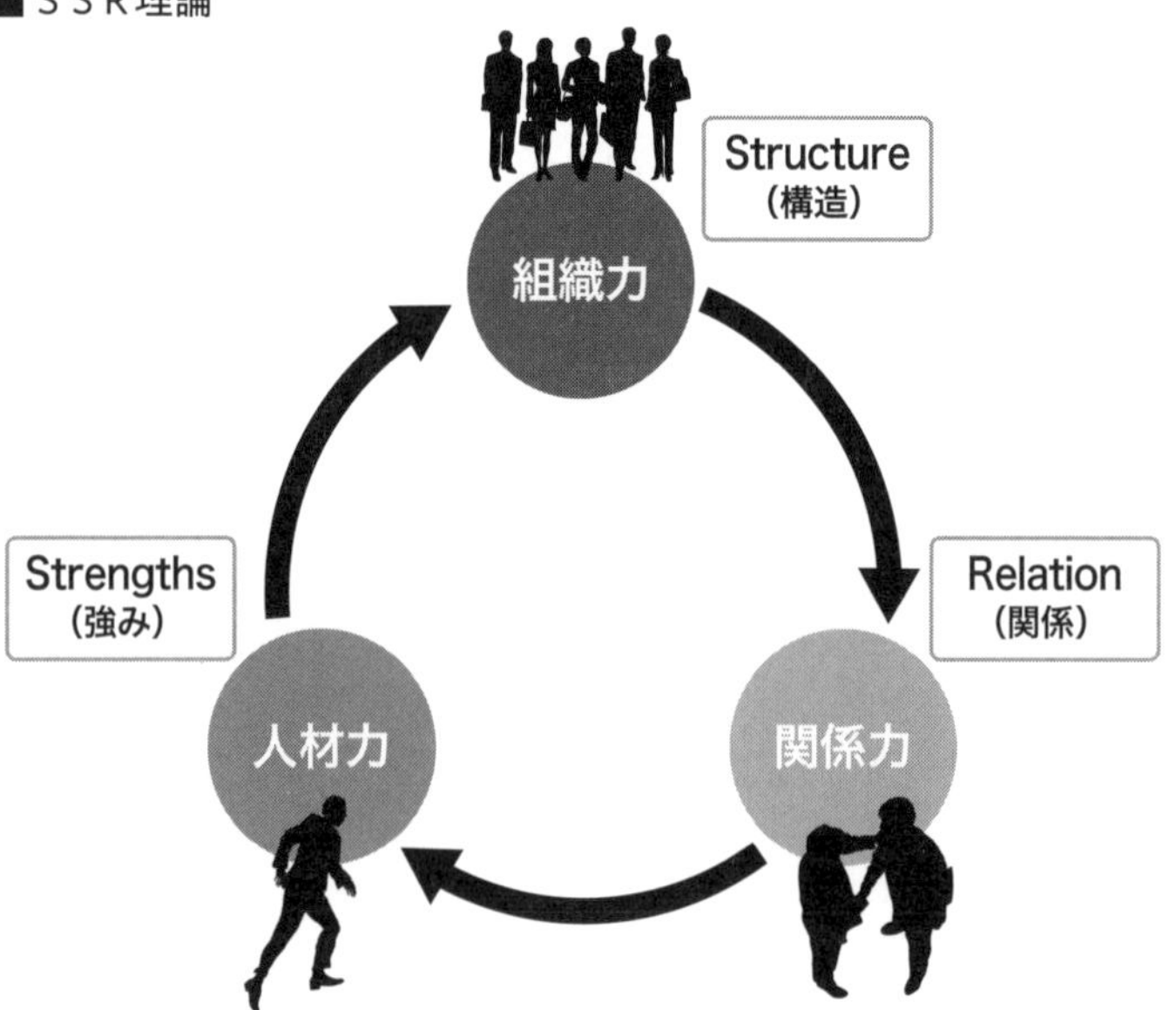

くという構造を説明しました。つまり、部下一人ひとりの目標・目的がすべて達成されたときに、会社の目的・目標が達成されるという構造を作り上げることが、組織力ということになります。

③関係力

関係力とは、メンバーが互いにコミュニケーションによってやる気と能力を引き出し、チームを活性化させる力のことです。レベル1で説明したポジティブアプローチは、この土台となります。

SSRは互いに影響しながらレベルアップしていく

これら3つの視点の頭文字を取ったチームビルディングの理論が、私が提唱する「SSR理論」です。

SSRは互いに影響しながらレベルアップさせることが可能です。人材力が上がって適材適所で動けるようになれば組織力が上がり、組織力が上がって互いの方向性が一致した状態で動けるようになれば関係力が上がり、関係力が上がってモチベーションが上がれば、さらに人材力が上がっていく。このように、渦巻きのように連鎖しながら力がついていくことになります。

課長の最終的な仕事は、このＳＳＲ理論に則って、チームビルディングを行うことです。

チームビルディング診断をしてみよう

チームビルディングができているかわかる10のチェック項目

ここで、みなさんのマネジメントするチームにおいて、現在、チームビルディングがうまくできているかどうかを簡単に診断してみましょう。

次の質問項目に、いくつ「はい」と答えられるか、まずチェックをしてみてください（※このチェックシートはダウンロードプレゼントをしておりますので、巻末の案内もぜひご参照ください）。

①自分の強みや弱み（長所や短所）を活かして仕事をしているか

②部下全員の強みや弱み（長所や短所）を活かして仕事をさせようとしているか

③部下全員が、お互いの強みや弱み（長所や短所）を把握しているか

④自分自身も含め、組織の全員がお互いの強み（長所）でお互いの弱み（短所）を補い合おうとしているか
⑤あなたが率いる組織の目的と目標は明確でわかりやすいか
⑥自分自身も含め、部下全員の個人目標は明確でわかりやすいか
⑦自分自身も含めた全員の個人目標は、組織の目標とわかりやすく繋がっているか
⑧あなたは組織全員の目標達成に向けて、コミュニケーションを取れているか
⑨部下全員が、部下同士でコミュニケーションが取れているか
⑩自分自身も含め、組織全員が協力し合って、組織の目標達成のためにコミュニケーションを取ろうとしているか

8個以上「はい」なら合格

このチェック項目の内、8個以上に「はい」と答えられれば、チームビルディングは既にできていて、成果が出せる状態になっているはずです。

ただ、７個以下であれば、人材をうまく活かし切れていなかったり、コミュニケーションが不足していたりなど、ＳＳＲ理論の内どこかがうまくいっていない可能性があります。どこが足りていないのかをよく分析して、チームビルディングを進めていきましょう。

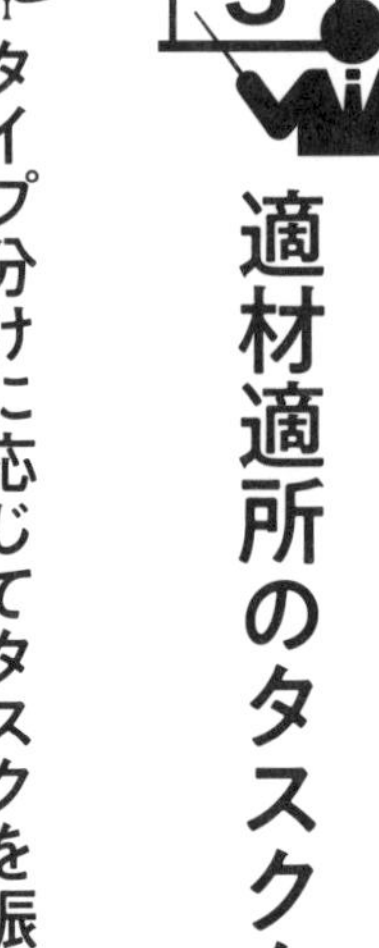

適材適所のタスクを振ろう

タイプ分けに応じてタスクを振り分ける

先ほどのチームビルディング診断のチェック項目①～④は、管理職であるみなさん自身や、部下の「強みや弱み（長所や短所）」を活かしているか、把握しているかという設問になっていました。チームビルディングにおいて、一人ひとりの強みや弱みを活かすということはとても重要です。

SSR理論では、部下一人ひとりの強みや弱みを見て、適したポジションに配置することが求められます。ここでも、レベル3で紹介した4タイプの内、部下がどれに当てはまるかで考えてみてください。4タイプをもう一度おさらいしておきます。

A：論理・理性脳……論理的・理性的な思考傾向。数字やデータなどの事実を優先する。

B：堅実・計画脳……堅実的・計画的な思考傾向。現状を管理し、維持・安定を優先する。

C：感覚・友好脳……感覚的・友好的な思考傾向。目の前の状況や相手を受容、優先する。

D：冒険・創造脳……冒険的・独創的な思考傾向。創意工夫や新しい発想、変化を優先する。

このタイプ分けに応じて部下の強みを活かしてタスクを振り分けるのであれば、次のようなものがベストになります。

A：論理・理性脳……数値計算や分析、品質チェック、財務、精度を上げる仕事

B：堅実・計画脳……プランニング、管理監督、ファイリング、ルーチン作業

C：感覚・友好脳……個人的指導や相談に乗る仕事、対人関係の構築、バックアッ

プ、プレゼンテーション

D：冒険・創造脳……アイデア生成や企画立案、デザイン設計、全体の視覚化

タスクの見直しや不足人材の把握にもタイプを活用

また、苦手なタスクもこれによって判断することができます。この4タイプの内、AとC、BとDはそれぞれ対局のタイプとなっています。つまり、タイプAの人はタイプCの人に適した、個人的指導や相談に乗るようなタスクは苦手、ということになります。タイプBの人なら、アイデアを生み出したり、仕事全体をデザインしたりするような仕事は苦手です。

もし、部下が思うように成果を出せていない、力を発揮できていない、モチベーションが低下していると感じることがあれば、割り振るタスクを見直してみるとよいでしょう。

さらに、今いるメンバー全員のタイプを洗い出してみると、今どんな人材が足りていないのかも把握できます。

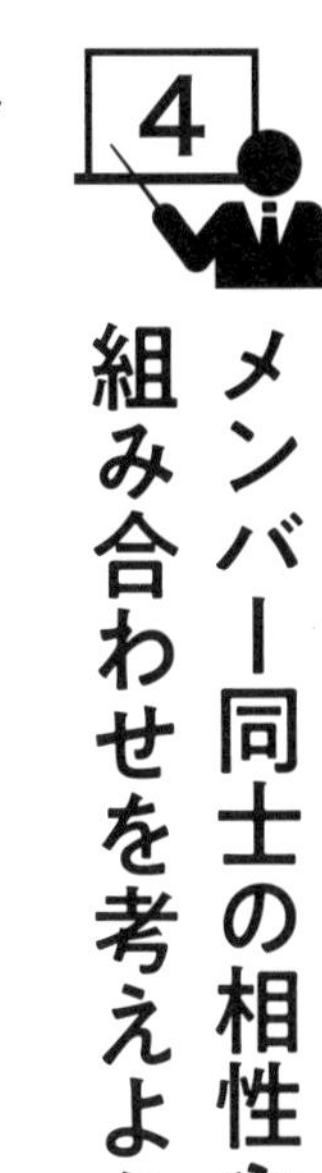

メンバー同士の相性や組み合わせを考えよう

メンバー同士の関わり方次第でチームがうまく回る

チームの中では、部下同士もさまざまな関わり合いをします。メンバー同士のコミュニケーションを円滑に進め、チームを活性化させるためには、４タイプそれぞれの部下たちがどのように関わり合っていくかを把握し、配置していくこともポイントとなります。

チームがうまく回る典型的な事例としては、次の流れがあります。

> タイプＤ：アイデア・企画を生み出す
> ↓
> タイプＡ：アイデア・企画をどのように遂行するか計画を組み立てる
> ↓

タイプC：メンバー全員にわかりやすく共有する
↓
タイプA：実行の前にもともとのアイデア・企画からずれていないか確認する
↓
タイプB：組み立てられた計画を実行する

このような順に仕事が進められるように課長が部下にタスクを割り振ると、チーム全員がそれぞれの強みを活かしながらまとまって行動することができます。

■4タイプの関係

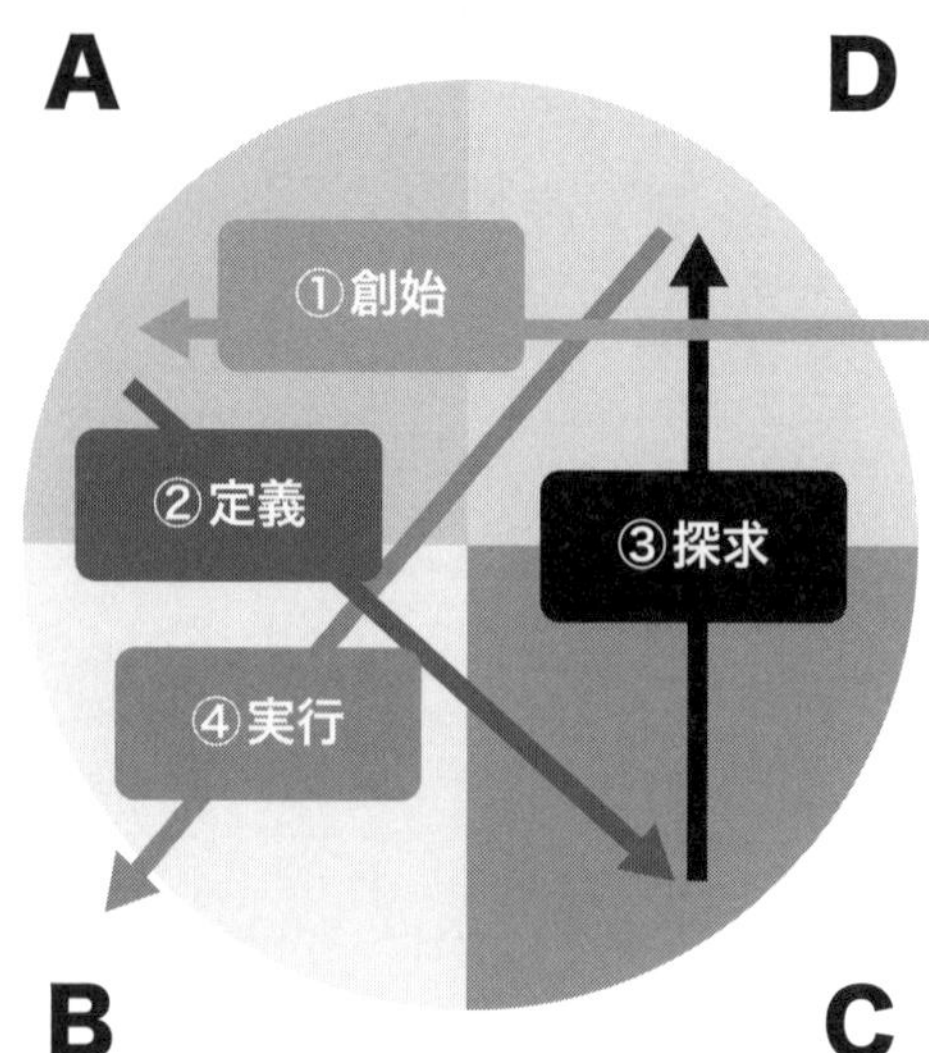

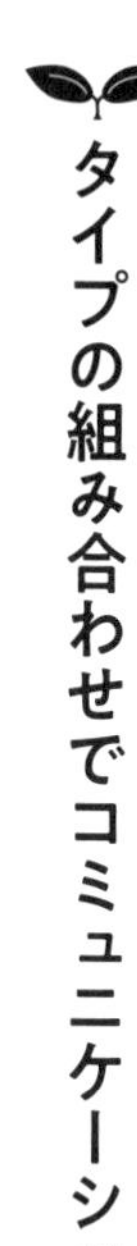

タイプの組み合わせでコミュニケーションの難易度が変わる

また、部下同士のコミュニケーションがうまくいっていない、対立してしまうといったケースでは、タイプに応じて部下の組み合わせを変えたり、別のタイプの部下を加えたりする工夫も必要でしょう。以下のように、タイプの組み合わせによってコミュニケーションの難易度が変わってきますので、こちらも頭に入れておくと役立つはずです。

①同一関係

語らずとも意思疎通がしやすく、相性はいいのですが、別の視点に切り替わらないことで思考の視野が狭くなる傾向があります。

②共存関係

お互いに考えを理解しやすく、相互にサポートし合える関係です。一方、うわべだけの理解で物事を進めてしまって、実際に行動を進めてみるとお互いの認識の違いが浮き彫りにされ、意見がぶつかってしまうこともあります。

③対照関係

考え方や思考のプロセスが異なるため、相手の意見をなかなか理解できず、お互い挑戦的になってしまう可能性があります。しかしお互いの方向性が一致していることを認識し、尊重し合うことができれば、相乗効果が期待できます。

④対角関係

考え方や思考のプロセスに加えて、物事の優先順位も異なるため、誤解が生じてしまいやすい関係です。お互いに性格や価値観が合わないと感じやすく対立してしまいがちですが、うまく尊重し合えれば、相手が持っていない視点を補い合うことで最強の補完関係を築くことができます。

もし、部下から「○○さんとうまくいかない」「○○さんの考えが理解できない」と相談を受けた場合には、組み合わせを替えてみるか、両者のタイプの違いを説明した上で、目的・目標に対する方向性は同じであることを伝え直してみると、うまく回っていく可能性が高くなります。

■コミュニケーション難易度

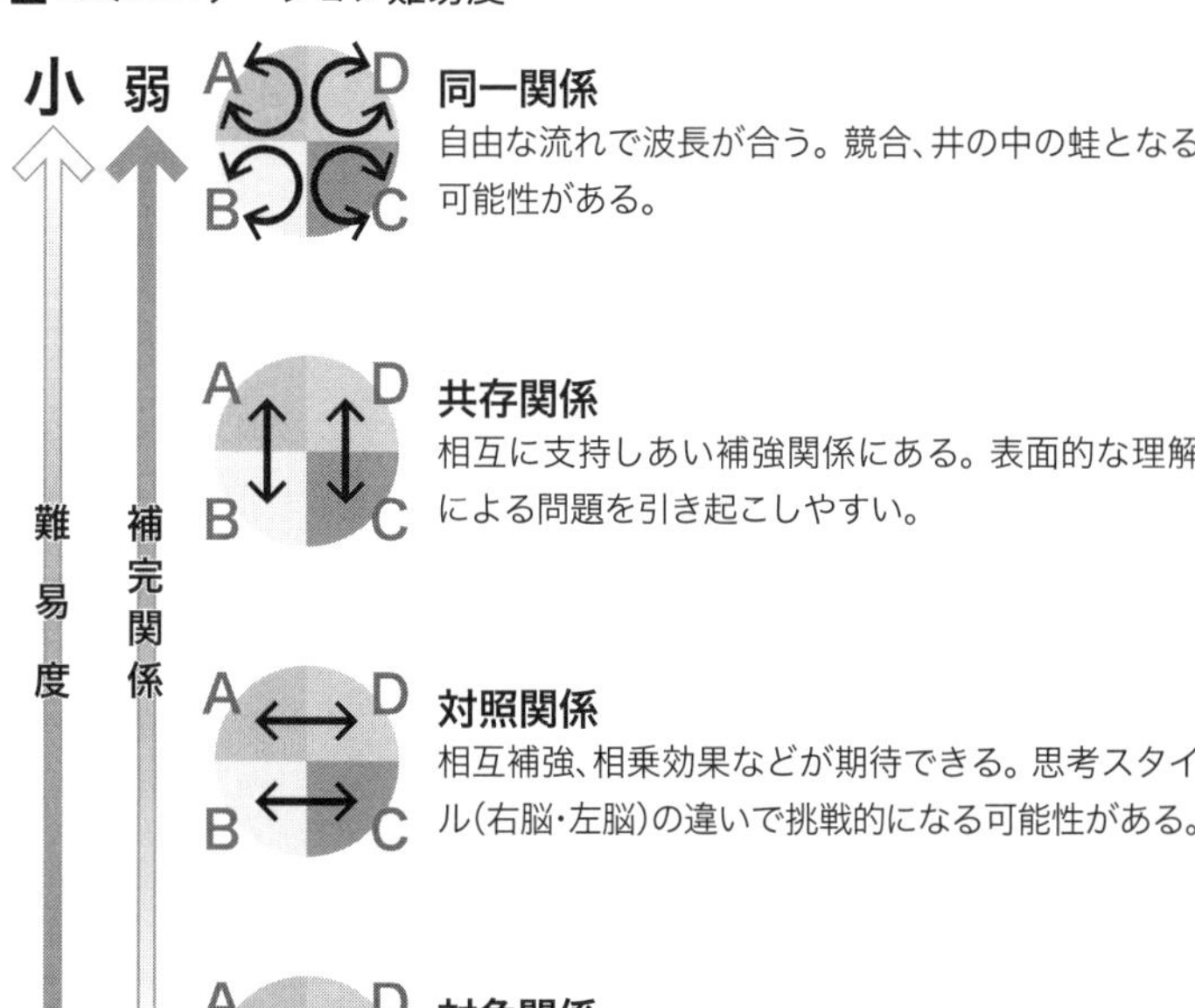

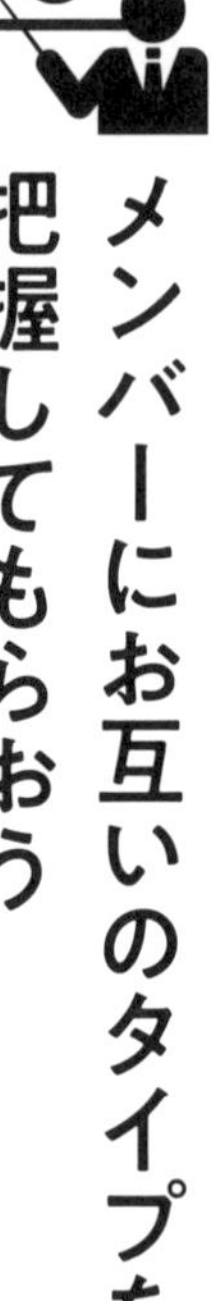

5 メンバーにお互いのタイプを把握してもらおう

お互いの強みや弱みを知っていればフォローし合える

チームビルディング診断のチェック項目③と④は、部下たち自身がお互いの強みや弱みを把握しているか、またそれを活かしたり、補い合おうとしたりしているかという問いでした。

部下一人ひとりのタイプについては、上司だけが把握していても、全体はうまく回っていきません。上司が部下を適材適所に配置しても、お互いに役割を把握していないと、仕事を進める上で今は誰のターンなのかがわからず、混乱してしまうことがあります。

ですから、できればそれぞれのタイプは、上司だけでなくメンバー全員にも共有するようにしてください。お互いの強みや弱みを知っていれば、「この仕事はこの人がやったほうがスムーズだから任せよう」「この人はここが苦手だからフォローしたほうがいいかもしれない」というように、より効率的に仕事を進めたり、フォローし合ったりすることが可能です。

人の強みや弱みをお互いに理解した上で仕事を進めたほうが、全員が動きやすくなりますので、タイプ診断テストの結果は全員で見ておくというのもよいと思います。

共有したくない人には強制しない

ただ、中には、診断テストの結果を他の人に見られるのに抵抗があったり、自分が思っているタイプとは別のタイプが結果として出てきて抵抗を感じたりする人もいます。このように強みや弱みを受け入れない場合は、ムリに強要する必要も、共有する必要もありません。

ちなみに、自分の診断を受け入れられない場合、大きな要因の一つは「それで自分を評価されたくない」ということが挙げられます。特に、人事評価に影響するのでは、と不安に感じる人もいるでしょう。この場合は、診断は評価には繋がらず、あくまでもチームとして仕事をやりやすくするために必要なものだと説明してあげてください。

やりたいことより得意なことをお願いする

また、タイプに基づいてタスクを分担する際、「自分は段取りを組むよりも、最終的に決まった作業をこなす役割に回りたい」など、個人のやりたいこととは違うタスクになってしまうこともあります。得意な作業でも、自分のやりたいこととは違うというケースはよくあることです。

その場合には、「今のチームの中で他に同じポジションが取れる人がいれば変えるけれど、他にふさわしい人がいるかな?」「あなたにこの部分を任せられなくなってしまうと、目標達成が厳しくなってしまう」と、他のメンバーの適性も踏まえて理解してもらうように伝えましょう。

もちろん、もし他に適したメンバーがいるなら、変えることを検討してもよいでしょう。まずは、なぜその割り振りになっているかを理解してもらうことが大切です。

個人的な目標は共有しなくてもＯＫ

なお、チームのメンバーはお互いのタイプについては共有すべきですが、個人のキャリア目標等は必ずしも公式な場で共有する必要はありません。

ただ、仕事中の何気ない会話や休憩時間の会話、仕事以外でのコミュニケーションの場で、そうしたことも共有できていると、お互いどのように仕事を進めていきたいのか、どういうスキルを身につけたいのかが理解でき、関係性はスムーズになっていきます。

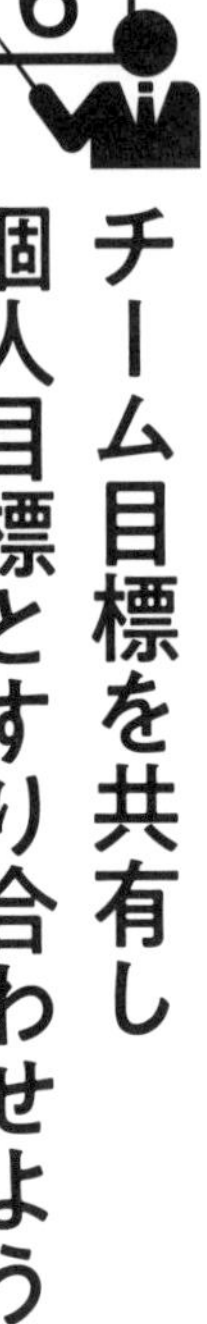

6 チーム目標を共有し個人目標とすり合わせよう

チーム目標はOKRで設定する

チームビルディング診断④〜⑥は、個人の目標とチームの目標がどこまですり合わされているかという問いです。

SSR理論の内、組織力の部分では、会社の目的・目標と、個人の目的・目標との接点を作ることが基本となっています。

では、どのように接点を作っていけばいいのでしょうか。

ここでレベル1でお伝えした、やるべき取り組みの優先順位を「OKR」で整理するという話を振り返ってみてください。

Oは「Objective（達成目標）」、KRは「Key Results（主要な結果）」の頭文字を取ったものですが、これは「Oをするためにできていないといけないことが KR」という構造になっています。

チームの目標設定では、Oをチーム全体の目標、KRをOのために必要な（メンバーに行ってもらう）各取り組みの目標という形にします。

つまり、メンバー個人の目標とできるだけ接点を作っていかなくてはならないのは、KRの部分となります。Oを共通認識として把握しておいてもらった上で、KRの部分は各メンバーの目標と重なるようにするということです。

OKRを元にしたミーティングでチーム一体に

建設会社の事例で言うと、たとえば設計チームAのOが「改修案件3億円分と、翌期の新築案件見積もり1・5億円分の業務」で、KRが次のように設定されているとします。

- 設計事務所と工務チームとの各会議にて進捗及び利益率を確認
- 設計メンバー個人の知識技術に合わせ、任せ方とアドバイスを見極めて実施

・次年度以降の案件見積もりはチームリーダーが行い、メンバーはサポートする

この場合、チームのミーティングでは O の達成目標を常に見えるところに出しておき、その目標からぶれないように話を進めていきます。

そしてKRについては、誰がどの目標を自分が重点的に担うべきか、ミーティング内で話し合っておきます。このときに、個人の強み弱みをお互いが把握していれば、話はよりスムーズに進んでいきます。

設定ができた後は、各自が担う目標に対してどこまで進捗しているかを報告し合い、共有していきます。

こうしてミーティングのたびにチーム全体の目標と、そのためにやるべき取り組み目標を常に確認していくことで、チーム全体が目標からぶれずに仕事を前に進めていくことができるようになります。

■会社から個人までの目的・目標事例

会社

目的（O）	その街を彩る家や建物を作る
目標（KR）	富裕層向け住宅やユニークな商業施設の設計建築

今年度の目標	年間売上１０億円／新築案件７億円、改修案件３億円及び翌期５億円分契約確保 ・そのうち新築案件は５～６件相当 ・新築の内一つは建築や家の雑誌に掲載される物件にする

設計部門チーム

目的（O）	今期施工新築７億円分・改修３億円の実施と、翌期の新築案件５億契約確保
目標（KR）	・お客様と設計事務所担当者とのコミュニケーションを通じて信頼を確保する ・設計事務所と工務チームが連携して各物件の利益率を確保する ・設計メンバー個人の知識技術に合わせながら成長の視点を含め仕事を任せる ・次年度以降の案件見積もりを依頼期日どおりに提出し受注を獲得する

設計チームA

目的（O）	改修案件３億円分と、翌期の新築案件見積もり１．５億円分の業務
目標（KR）	次の方法で３億円の売上を出す。 ・設計事務所と工務チームとの各会議にて進捗及び利益率を確認 ・設計メンバー個人の知識技術に合わせ、任せ方とアドバイスを見極めて実施 ・次年度以降の案件見積もりはチームリーダーが行い、メンバーはサポートする

設計チームB

目　的（O）	施工案件７億円分と、翌期の新規案件見積もり３．５億円分の業務
目　標（KR）	次の方法で７億円の売上を出す。 ・設計事務所と工務チームとの各会議にて進捗及び利益率を確認 ・設計メンバー個人の知識技術に合わせ、任せ方とアドバイスを見極めて実施 ・次年度以降の案件見積もりはチームリーダーが行い、メンバーはサポートする

設計チームAのメンバー・Aさん

目的（O）	改修案件は５０００万分を独力で進める
目標（KR）	・各会議に向けての資料作成をメイン担当として行う ・改修案件を通じて知識技術を磨きながら成果を出し成長する ・新築案件はチームリーダーの指示で動きながら新築案件について学ぶ

7 チームとメンバーの目標のずれをフォローしよう

チーム目標と個人目標にずれが生じる二つのパターン

チームの目的・目標と、メンバー個人の目的・目標との間に、ずれがあるような場合はどうしたらよいのでしょうか。上司の役割は、両者の目的・目標とが重なる部分をより大きくすることですが、もし隔たりがあった場合にはどうすればよいでしょう。

まず、大きく隔たりがある場合は、次の2パターンが考えられます。

①方向性は同じで、部下も納得しているけれど、目標が大きすぎる
②本人の目指すキャリアと現在の仕事が違う

こうしたパターンにおいては放置しておくと部下のモチベーションが低下してしま

い、結果として目標が達成できなくなる可能性が高まります。そこで、それぞれのパターンで上司がどうフォローすべきかを説明しましょう。

大きすぎる目標は小さい目標に分解してあげる

①の場合は、年間で達成あるいは継続すべき目標が、本人にとってハードルが高くなってしまっているケースです。この場合は、より小さい目標に分解して、部下に提示してあげるとよいでしょう。

小さな目標を積み重ねていくと1年後にはこうなっていると説明し、「上司としてサポートするので挑戦してみてほしい」「完璧にやろうとせず、まず小さなことから始めてほしい」と伝えれば、本人も受け入れやすくなるはずです。

建築会社の例で言うと、「1年後には新築の見積もりができるようになっていてほしい」という目標があったとして、「今はまず材料について詳しくなって、木造建築のこの部分が理解できたら、次は内装や外構の見積もりもやってもらおうと思っている。そうすると、家全体の新築の見積もりができるようになっているはず。今は全部はできていなくても、一つずつやれば1年後には全体を任せられるようになっているだろう」と、目標をパーツごとに分けて説明することで、ハードルはだいぶ下がるはずです。

本人がやりたいことに必要な能力に注目する

一方、②のように、本人のキャリア志向と現在の仕事との間にギャップがある場合には、本人が希望するキャリアをまずは否定せずに受け入れるところからコミュニケーションを取ってください。そして、そのキャリアにとって必要な能力は何か、それが現在の仕事の中で身につけられるということを話していきます。

本人にやりたいことが別にある場合、まずは、「それを実現させるためには、どんな能力が必要だと思う？」と一緒に考えてみましょう。たとえば建築業界から他の業界に行きたいという、大きなギャップがあった場合でも、その他業界で活躍するための能力は、今の会社で身につけられることも多いはずです。

「その業界だと段取りを組む力が必要だから、まずは今の仕事で段取りを身につけてみたら。設計図を書くというのは物事を論理的に組み立てる力が必要だから、まずは一人で設計図を書けることを目標にしたらどうだろう」

「PCスキルが必要な業界で働きたいなら、まずは見積もりを作るときに自分でマクロを組んでやってみたらどうだろう」

そんなふうに、今やっていることが次の仕事に使えることを見つけて話していくと、納得してもらいやすくなります。

このケースでは、結局は部下の課題となるので、その仕事にどういう能力が必要なのかは、部下自身が考えていくことが大切です。上司が別の業界についてすべて知る必要はありませんので、「どんな能力が必要か、まず自分で調べてみることが大事」と伝えてあげましょう。

多対多のコミュニケーションを促進しよう

チームの雰囲気はいいのに成果が出せない理由

チームビルディング診断の⑧〜⑩は、組織内でのコミュニケーションについての質問でした。

よく、管理職クラスの人からこのような相談を受けます。

「チームの雰囲気はいいのですが、なかなか成果を出せないんです」

部下たちのコミュニケーションは取れていて、チームの雰囲気はいいし、やるべきことも理解できている。でも結果に結びついていないということです。

こうしたケースの場合には、何が足りないのでしょうか。

組織力と関係力の部分は、上司と部下との1対1のコミュニケーションで作り上げることが可能です。組織の目的・目標と部下の目的・目標との接点を作り、同じ方向性で仕事を進めてもらうことや、上司と部下とのコミュニケーションによって部下のモチベーションを上げることができれば、雰囲気のよい組織は作ることができます。

ですが、それだけでは部下たちが意見を出し合いながら、同じ目標に向かって自走していけるチームにするのは難しいのです。組織力と関係力のみでチームが動いている場合、上司は指示を頻繁に出したり、部下とのコミュニケーションの頻度を高くしたりしなければならず、上司のタスクが増えてしまいます。

多対多のコミュニケーションを促進するのが上司の役割

部下たちがお互いに関わりながら自走していけるようになるためには、組織の中で「多対多のコミュニケーション」をうまく回していく力が必要となります。

そのためには前提としてまずSSR理論の内、人材力を活かす必要があります。部下たちの強みや弱みを把握するだけでなく、それぞれのタイプの人がどのように関わり合っていくとスムーズに課題が解決されていくか、よく見極めて配置すること。そして、チームメンバーがお互いの強みや弱みを把握できるような状況にすること。これができれば、基本的には多対多のコミュニケーションはうまく回っていくはずです。

チームメンバーがお互いのタイプをわかっていれば、他のメンバーにどのように話しかければいいのか、どのように説明しなければいけないのかわかってくるものではありますが、課長自身が部下の前で実践していくことも重要です。

たとえば、課のメンバー同士の会話に入るときに「その相手はどんなタイプなの？　それだと伝わりにくいかもしれないね」「○○さんの得意不得意は何だっけ？　だったらこの仕事を任せたほうがいいんじゃない？」などとアドバイスすると、部下たちも自然と、タイプを意識して指示の出し方や仕事の任せ方を工夫していくようになります。

単に指示命令をするのではなく、質問を投げかける形で部下たちとコミュニケーションを進めることで、部下同士のコミュニケーションも円滑になっていくはずです。

多対多のコミュニケーションがうまくいけば成果は上がる

多対多のコミュニケーションがうまくいっている会社では、上司が部下たちのタイプを表にまとめて、チームごとに共有していることもあります。部下同士がチームにおけるお互いの役割を把握しやすいような工夫をすれば、誰がどのタイミングでどのように動くべきかわかりやすく、効率的に成果を上げていくことができます。

また、チーム内の個人目標も共有しておくことで、その人の目標が、チームの目標達成に向けた取り組みの中でどのピースを担っているのかがわかりやすくなります。誰が何をすべきかが、より明確になるわけです。

一方、多対多のコミュニケーションができていないチームでは、上司と部下とでは目的目標をお互いに把握しているのに、部下同士では「他の人が何をやろうとしているのかイマイチわからない」「あの人の仕事はどんな結果に結びついていくんだろう？」と、理解し合えていないケースも見られます。こうなると、組織力の部分も関係力の部分も、弱くなってしまいます。

多対多のコミュニケーションをマスターすることで、単に雰囲気のよいチームにするだけでなく、チームビルディングができることになります。

チームビルディングをゲームで学ぼう

グループで行う仮想体験ゲーム

SSR理論を使ったチームビルディングは、ゲームでも学ぶことができます。私のセミナーでは、次のような仮想体験ゲームを行っています（※この仮想体験ゲームのキットはダウンロードプレゼントをしておりますので、巻末の案内もぜひご参照ください）。

ゲームでは、グループを作って課題解決をしていきます。

課題はたとえば、「A組は今日、1時限目から4時限目まで、どの先生の授業を受けましたか」と推理していくものです。

グループのメンバーはそれぞれ、さまざまなヒントが書かれた情報カードを持っています。これらの情報を口頭で伝え合いながら、グループに配られた模造紙に、答えを書いていきます。模造紙には得た情報から推理した内容を表や図、単語でメモしてもかまいません。

ルールとしては、次のようなものになります。

- 各自が持っている情報は口頭で伝えること
- 口頭で伝えられた情報は、個人でもメモを取ってはいけない
- 他者の情報カードを見てはいけない
- 情報を皆が見えるように模造紙に書き写してはいけない

このルールを守って、メンバーの力を合わせて答えを導いていきます。チームメンバーに与えられる情報カードには、次のような内容が書かれています。

- 井上先生はB組の3時限目を担当した
- 小林先生のX中学校での勤務年数は、他の先生よりも短い

・X中学校には4人の先生と2人の教育実習生がいる
・教務主任はX中学校に5年勤めているが、他の先生たちより勤務年数は短い
・教務主任はD組を2時間目に教えた
・教育実習生は一人で授業を持つことはない
・佐藤先生と井上先生は、いつも一緒にクラスを持っている　etc…

これらのヒントを元にして、図のような時間割表を作ってA組を担当した先生を当てることが、チームの目標となります。スタートの合図から、20分で作業は打ち切られます。

■仮想体験ゲームで作る時間割表

時限＼クラス	A組	B組	C組	D組
1時限				
2時限			山本	小林
3時限		井上		
4時限				

表に書かれているのは情報カードからわかる先生。その他の情報も組み合わせて、A組の授業を担当した先生を探していく。

ゲームの振り返りでメンバーのタイプがわかる

このようなゲームをやり、最後に振り返りをやってみると、それぞれのメンバーの強みや弱み、タイプがわかるようになっています。

たとえば、まず「みんなの情報をまず読んでいこうよ」と、全員の行動を促していくのは、タイプDの冒険・創造脳の人が得意です。

先ほどの表はもともと模造紙に書かれているわけではありませんので、読み上げられた情報から、「こういう表にしたらいいよね」と誰かが気付くことが重要です。この役割を担うのは、タイプで言うとAの論理・理性脳の人です。

タイプCの感覚・友好脳の人は、他者の意見を聞きながら「じゃあこういうのはどう？」と意見を出していきます。

タイプBの堅実・計画脳の人は、他者の意見を聞きながら、答えを模造紙にまとめていきます。

このように流れの中で役割分担ができていれば、うまくグループで答えを導き出すことができるというわけです。

ゲームを通じてチームビルディングに慣れていく

しかし、この順序がうまくいかず、タイプAの人が一人で答えを出そうと模造紙にどんどん書いていってしまうと、他の人が指示待ちになってしまい、チームがうまく機能しなくなってしまいます。あるいはタイプCの人が進行役に回らず聞き手に回ってしまったりすると、うまく答えまでたどり着くことができません。

これをSSR理論に当てはめると、ゲームの理解度や得意・不得意が違う人が集まり、お互いの特徴を認識し合うのが、人材力の部分に当たります。課題解決に向けて、それぞれの役割を果たしながら動きを組み立てていくのが、組織力の部分です。全員が同じ目標に向かって助け合いながらゴールに向かうのが、関係力に当たります。

こうした仮想体験ゲームを活用しながらチームビルディングを体験しておくと、ビジネスにおいてもメンバーが自分に適したポジションで動いてくれるようになっていきます。

あとがき

昨今、管理職のみなさんの話を伺っていると、「管理職は大変だ」「難しくて苦労が多い」と思っている方が多いように感じます。

また、そのような理由で、管理職にはなりたくないと考える人も多いようです。ですが、実際にうまくいっている組織の管理職の方々を見ていると、みなさん仕事を楽しんで、充実感を持って日々を過ごしていることがわかります。

本来、チーム作りやマネジメントは、とても楽しいものだと私は感じています。正しい知識とスキルを身につけてさえいれば、多くの人と関わりながら仕事を進め、思い描いたビジョンに到達していく、その醍醐味を感じられるのが管理職の仕事なのです。

*　*　*

本書では、多くの管理職の方々に向けて、目的・目標を着実に達成できるチームを作るための実践方法について一歩ずつ順を追ってお伝えしてきました。巻末にご用意したツールもご活用していただきながら、みなさんにはぜひ実践を通じて管理職の楽しさややりがいを感じていただければと思います。

また、みなさんの姿を見た多くの社員が、「あんな課長になってみたい」「自分もリーダーになりたい」と思えるような会社にしていただければと思います。

私は組織作りの専門家のみなさんと共に、チームビルディングがどんな組織も当たり前にできるようになることを、ビジョンとして掲げて動いています。本書をお読みくださったみなさんにも、ぜひこのビジョンに巻き込まれていただければ幸いです。

＊　＊　＊

最後に、本書出版に当たりましては、多くの方にお世話になりました。以下、御礼を申し上げます。

【出版に関わってくださったみなさま】

秀和システムの担当編集者さん、ライターの大西桃子さん、企画草案の飯田伸一さんにお世話になりました。制作過程で頭の中を解きほぐしていただいたことで、改めてSSR理論を組織の中でどのように取り入れていくか整理することができました。ありがとうございます。

【クライアントのみなさま】

私がこの仕事を続けていられるのも、多くのクライアント様との出会いがあったからこそです。常に前線に立つ経営者のみなさまとご一緒させていただいたコーチングセッションやアクションラーニングに基づく組織開発の経験が、私の血肉となり、今の私を支えるものとなっています。いつもありがとうございます。

【チームジャイキリコミュニティのみなさま】

2014年春に大阪で産声を上げた「最強のチームビルディングコンサルタント養成講座」の卒業生から続くコミュニティのみなさま。ここでの出会いは私の人生を変えました。チームビルディング「SSR理論」を多くの仲間が実践し、私だけでなく誰もが「SSR理論」に基づくマネジメントができることを証明してくださいました。さらに、出版に関わるさまざまなコンテンツを共に作り上げてくださったことも、あわせて感謝申し上げます。

200名以上の卒業生全員のお名前を掲載したいところですが、紙面の都合によりお許しください。

【コーチングファームジャパンのスタッフのみなさま】

海野順子さん、脇田久恵さん、武森由香理さん、志子田千枝さん、初川吏紗子さん、杉野裕実さん、吉崎孝幸さん、黒田晴美さん、水口智恵美さん。みなさんがいなければ、私はここまで当社でのミッションを継続できなかったことと思います。いつも支えてくださってありがとうございます。

【メンター&アドバイザーのみなさま】

多くのメンターやアドバイスをくださるみなさまの助けにより、ここまでやってこられました。メンターの清水ヨシカさん、マーケティングアドバイスを頂いた神馬豪さん、そして長い間私のコーチをしてくださっている関口郷子さんの3名には、特に御礼を申し上げます。

【サルサラテンを愛する仲間のみなさま】

サルサに出会わなければ、この仕事との出会いはなかったと言っても過言ではありません。特にキャリアの浅い頃、いつも仕事で落ち込んで不安になっていたときに、トルティーヤDJ KOZOとして過ごした時間は、私に仕事を続けていく勇気をくれました。多くのサルサラテンラバーに感謝しています。特に与那嶺アンディ、MASAKIの2人に出会わなければ、ここまでやってこられなかったと思います。いつもありがとう。

【家族のみんなへ】

私の見えないところで多大な労力と心を寄せていただき、本当に感謝しています。特に娘ロサの存在は、私が頑張り続ける原動力になっています。いつもありがとう。

最後に、本書を手に取り、お読みくださったみなさま、本当にありがとうございました。

2023年8月　海の見える神戸ハーバーランドにて

石見幸三

ダウンロードプレゼントのご案内

本書をお読みいただき、ありがとうございました。ささやかながら、以下のプレゼントを用意いたしました。

① 1on1面談テンプレート

（見ながら簡単に1on1面談ができる「1on1面談テンプレート」／ 1on1面談のエッセンスがわかる『1on1面談とは』動画／ 1on1面談テンプレートの使い方がわかる『1on1面談テンプレート解説』動画）

② チームビルディング簡易診断チェックシート

（チームの完成度チェックができる「チームビルディング簡易診断チェックシート」／チームビルディングマネジメントの原則がわかる『SSR理論』動画／チームビルディングマネジメントを立て直す方法がわかる『簡易チェックシートの見方＆分析と解決方法』動画）

③ 強み診断チェックシート

（自分の強みや相手の強みを見つける「強み診断チェックシート」）

④ 仮想体験ゲーム「チームビルディング中学校」体験キット

（「チームビルディング中学校」進め方資料／「チームビルディング中学校」振り返りシート／「チームビルディング中学校」のカードデータ資料／『ゲームの使い方と進め方　パート1（進行編）』動画／『ゲームを効果的にするためのSSR理論』動画／『ゲームの使い方・進め方　パート2（振り返り編）』動画）

ぜひ、以下のURLにアクセスしてお受け取りください。

https://coachingfarmjapan.com/book/

※本プレゼントは著者が独自に提供するものであり、その内容について出版元は一切関知いたしません。あらかじめご了承ください。

■著者プロフィール

石見 幸三（いわみ・こうぞう）

◎株式会社コーチングファームジャパン代表取締役。課長養成コンサルタント。
◎1975年生まれ。神戸市外国語大学英語学科卒業。外食事業と広告制作事業を持つベンチャー企業に就職し、経営計画や資金調達、人材育成を始めとするバックオフィス立ち上げ運営を担当。6年間で売上高を3倍にする。その後、介護事業の再建と運営を任される役員に転じ、事業再建を果たして運営を軌道に乗せる。
◎2008年に株式会社コーチングファームジャパンを設立。経営者、幹部向けコーチングで4000時間以上セッションを重ねる。「人材投資10倍以上の利益を出す成果」をモットーに、経営危機に陥った企業を半年で再生させ、3年で売上2倍・利益10倍などの実績を残す。また、独自のチームビルディングSSR理論を元に、組織の打ち手が一目でわかる組織診断「ソコアゲ」を開発。組織開発コンサルタント養成事業では200名以上の卒業生を輩出している。

●カバーデザイン：大場君人

最強（さいきょう）のチームビルディング技術（ぎじゅつ）が身（み）につく
レベル別（べつ）　課長養成講座（かちょうようせいこうざ）

発行日　2023年10月 2日　　第1版第1刷

著　者　石見（いわみ）　幸三（こうぞう）

発行者　斉藤　和邦
発行所　株式会社　秀和システム
〒135-0016
東京都江東区東陽2-4-2　新宮ビル2F
Tel 03-6264-3105（販売）Fax 03-6264-3094
印刷所　日経印刷株式会社　　Printed in Japan

ISBN978-4-7980-7104-6 C0034